本书列入中国科学技术信息研究所学术著作出版计划

2024 年版
中国科技期刊引证报告（核心版）
社会科学卷

中国科技核心期刊（中国科技论文统计源期刊）

中国科学技术信息研究所

·北京·

图书在版编目（CIP）数据

2024年版中国科技期刊引证报告：核心版. 社会科学卷 / 中国科学技术信息研究所编著. -- 北京：科学技术文献出版社, 2024.9. -- ISBN 978-7-5235-1805-2

Ⅰ. Z89：N55

中国国家版本馆CIP数据核字第2024HP3730号

2024年版中国科技期刊引证报告（核心版）社会科学卷

策划编辑：张　丹　　责任编辑：邱晓春　　责任校对：王瑞瑞　　责任出版：张志平

出 版 者	科学技术文献出版社
地　　　址	北京市复兴路15号　邮编　100038
出 版 部	（010）58882952，58882087（传真）
发 行 部	（010）58882868，58882870（传真）
官 方 网 址	www.stdp.com.cn
发 行 者	科学技术文献出版社发行　全国各地新华书店经销
印 刷 者	北京地大彩印有限公司
版　　　次	2024年9月第1版　2024年9月第1次印刷
开　　　本	787×1092　1/16
字　　　数	206千
印　　　张	9
书　　　号	ISBN 978-7-5235-1805-2
定　　　价	100.00元

版权所有　违法必究

购买本社图书，凡字迹不清、缺页、倒页、脱页者，本社发行部负责调换

2024年版中国科技期刊引证报告(核心版)

社会科学卷

主 任 编 委　赵志耘

副主任编委　潘云涛

主　　　编　杨代庆　高继平

编写人员　俞征鹿　田瑞强　许晓阳　焦一丹　盖双双

　　　　　　杨　潇　翟丽华　潘　尧　王　璐　时欣雨

　　　　　　张　轩　周玉傲

本书受国家科技统计专项工作"中国科技论文统计"资助。

通信地址：北京市海淀区复兴路15号　100038
　　　　　中国科学技术信息研究所　科学计量与评价研究中心
网　　址：www.istic.ac.cn
电　　话：010-58882027，58882537，58882539，58882552
传　　真：010-58882028
电子信箱：cstpcd@istic.ac.cn

前 言

1987年，中国科学技术信息研究所（ISTIC，原中国科学技术情报研究所）受科技部（原国家科委）的委托，开始对中国科技人员在国内外发表论文的数量和被引用情况进行统计分析，并利用统计数据建立了《中国科技论文与引文数据库》（CSTPCD）。这项工作开展后受到了社会各界的普遍重视和广泛好评，多年以来积累了大量的宝贵数据，为科技部等各级管理部门、高等院校、科研机构、期刊编辑部和科研工作者提供了各类论文统计基础数据和期刊评估指标。

《中国科技期刊引证报告》（CJCR）的研制出版始于1997年，是一种专门用于期刊引用分析研究的重要检索评价工具。利用CJCR所提供的统计数据，可以清楚地了解期刊引用和被引用的情况，以及进行引用效率、引用网络、期刊自引等统计分析。同时，利用CJCR中的期刊评价指标，还可以方便地定量评价期刊的相互影响和相互作用，正确评估某种期刊在科学交流体系中的作用和地位。自CJCR问世以来，在开展科研管理和科学评价期刊方面一直发挥着巨大的作用。

为了满足我国期刊评价工作和各级研究成果管理工作的实际需求，从2015年开始，CSTPCD覆盖的范围扩展到社会科学领域，CJCR评价和收录的期刊也扩展到社会科学领域，形成了覆盖自然科学技术和社会科学领域全部研究学科的全面的期刊评价体系。从2016年开始，独立出版《中国科技期刊引证报告（核心版）社会科学卷》，覆盖社会科学40个学科类别。交叉学科和跨学科期刊复分到2个或3个学科分类。

《2024年版中国科技期刊引证报告（核心版）社会科学卷》共收录407种期刊，是在严格的定量评价和定性分析基础上选取的各学科的重要科技期刊。其上刊发的论文被收录进入CSTPCD，即中国科学技术信息研究所每年进行中国科技论文统计与分析的数据库。

中国科学技术信息研究所在与国际评价机制接轨的同时，充分利用长期积累的科技论文和期刊评价工作经验和丰富数据，选择了总被引频次、影响因子等重要的期刊科学计量指标进行统计和分析，同时注意结合中国科技期刊发展的实际情况，创新了基金论文比、地区分布数、机构分布数、核心他引率、离均差率等多种期刊评价指标。《2024年版中国科技期刊引证报告（核心版）社会科学卷》中使用了24项科学计量指标，与自然科学卷完全相同，并发布78个插图。

在《2024年版中国科技期刊引证报告（核心版）社会科学卷》的编写过程中，尽管力求严格规范、细致精确，但难免会存在考虑不周或一些错误和疏漏，诚挚期望广大读者不吝赐教，批评指正。

中国科学技术信息研究所
2024年9月

主要计量指标

2023 年社会科学领域中国科技核心期刊（中国科技论文统计源期刊）* 主要计量指标分布情况

指标名称	平均值	统计数字
核心总被引频次	1067 次 / 刊	≥ 2000 次的期刊共有 40 种，≥ 10000 次的期刊共有 2 种
核心影响因子	1.257	≥ 1.000 的期刊共有 176 种，≥ 2.000 的期刊共有 69 种
核心即年指标	0.307	≥ 0.100 的期刊共有 296 种，≥ 0.500 的期刊共有 76 种
基金论文比	0.66	≥ 0.80 的期刊共有 113 种
海外论文比	0.02	≥ 0.20 的期刊共有 1 种
核心他引率	0.83	≥ 0.95 的期刊共有 77 种
平均作者数	2 人 / 篇	≥ 4 人 / 篇的期刊共有 5 种
平均引文数	38 条 / 篇	≥ 20 条 / 篇的期刊共有 360 种，≥ 50 条 / 篇的期刊共有 77 种
综合评价总分	43.01 分	≥ 50 分的期刊共有 130 种

* 社会科学领域中国科技核心期刊（中国科技论文统计源期刊）包括 407 种期刊。

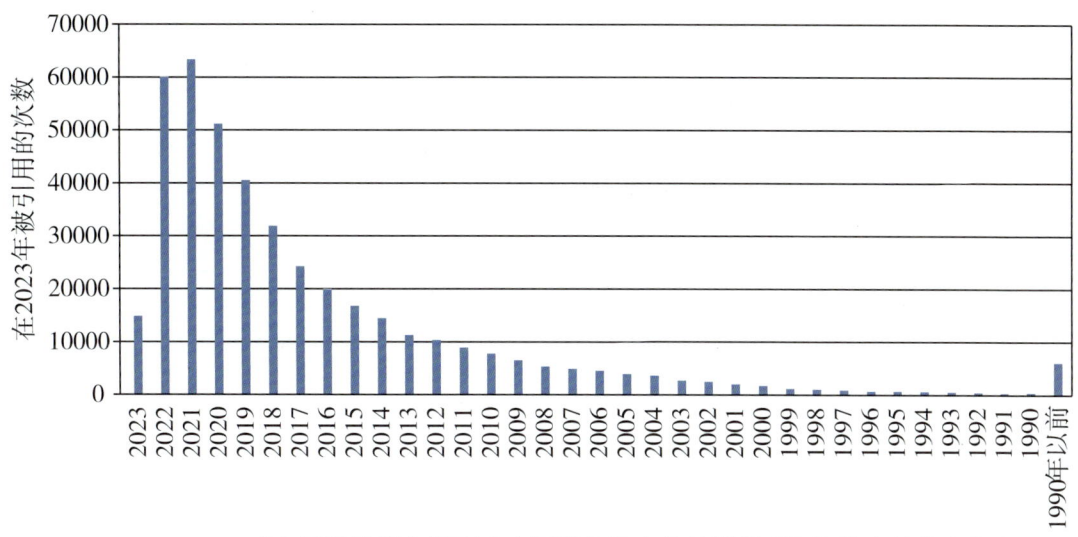

2023 年被引用的社会科学领域"中国科技核心期刊（中国科技论文统计源期刊）"论文的发表时间分布图

说明：图中被引用次数统计来源为《2023 年度中国科技论文与引文数据库》（CSTPCD 2023）。柱状图示分别表示"中国科技核心期刊（中国科技论文统计源期刊）"各年度发表的论文在 2023 年被引用的次数。

目　录

1 编制说明 1
　1.1　总体设计说明 1
　1.2　各类统计表格的编排 1
　1.3　期刊评价指标 2
　1.4　期刊的学科分类 3

2 使用说明 5
　2.1　主要功能 5
　2.2　查阅方法 5
　2.3　评价方法 6

3 名词解释 7

4 2023年社会科学领域中国科技核心期刊指标 11
　4.1　期刊被引用指标刊名字顺排序 11
　4.2　期刊来源指标刊名字顺排序 21

5 2023年各学科分类期刊整体情况 31

6 2023年各学科分类期刊指标情况 33
　　社会科学综合 33
　　社会科学综合大学学报 35
　　社会科学师范大学学报 37
　　马克思主义 39
　　哲学 41
　　宗教学 43
　　语言学综合 45
　　外国语言学 47
　　中国文学 49
　　外国文学 51
　　艺术学 53
　　历史学 55
　　考古学 57

I

经济学综合	59
经济大学学报	61
国民经济学、管理经济学、数量经济学	63
会计学、审计学	65
生态农业经济学	66
工商业经济学	68
财政学、金融学、保险学	70
政治学综合	72
政治大学学报	74
行政学	76
国际政治学、外交学	78
法学综合	80
部门法学、刑事侦查学、司法鉴定学	82
军事学	84
社会学综合	86
人口学、劳动科学	88
民族学与文化学	90
新闻学与传播学	92
图书馆学、文献学	94
情报学	96
档案学、博物馆学	98
教育学综合	100
学前教育学、普通教育学	102
高等教育学	104
成人教育学、职业技术教育学	106
体育科学	108
统计学	110

7　2023 年中国科技核心期刊综合评价 113

8　2023 年中国科技核心期刊目录 123

1 编制说明

《2024年版中国科技期刊引证报告（核心版）社会科学卷》以《中国科技论文与引文数据库》（CSTPCD）为基础，采用科学客观的研究方法与评价方式，遴选中国社会科学领域各学科分类的重要期刊作为统计来源期刊。《2024年版中国科技期刊引证报告（核心版）社会科学卷》收录了在中国（不含港澳台地区）正式出版的407种社会科学领域的"中国科技核心期刊（中国科技论文统计源期刊）"。

1.1 总体设计说明

《2024年版中国科技期刊引证报告（核心版）社会科学卷》包括4个主要部分：

（1）期刊指标总表：期刊被引用指标和期刊来源指标；

（2）各学科期刊指标：各学科期刊整体情况和期刊在学科内相对位置的主要指标和图表；

（3）期刊综合评价指标：综合评价总分、核心影响因子和核心总被引频次的总排名；

（4）中国科技核心期刊（中国科技论文统计源期刊）名录和变更情况。

这4个部分独立成系统，又互相联系，构成《2024年版中国科技期刊引证报告（核心版）社会科学卷》的综合评价指标体系，从各个角度对期刊进行统计描述和分析评价。根据这些数据，读者可以对期刊的学术水平、学科地位、编辑状况、交流范围，以及读者满意程度有一个客观、概括的了解。在内容组织和编排上，设计了多角度、多层次查询和评价期刊的丰富功能，图文并茂，可以满足读者在多样化的评估、管理和研究工作中的不同需求。

1.2 各类统计表格的编排

《2024年版中国科技期刊引证报告（核心版）社会科学卷》采用了多种形式的排序格式，包括全部期刊名称字顺排序、学科内期刊名称排序、全部期刊综合评价总分排序和来源期刊总目录等，帮助读者综合全面地评价分析期刊，迅速有效地检索出所需要的期刊统计信息。

（1）期刊被引用计量指标和来源指标是本报告的主体部分，分为2个主表：

- "表4-1 2023年社会科学领域中国科技核心期刊被引用指标刊名字顺索引"包含中文期刊被引用方面的8项指标数据。全表按照期刊名称汉语拼音字顺排列。

- "表4-2 2023年社会科学领域中国科技核心期刊来源指标刊名字顺索引"包含中文期刊来源文献方面的10项指标数据。全表按照期刊名称汉语拼音字顺排列。

（2）各学科分类期刊计量指标情况是本报告的另一个重要组成部分，包括1个学科分类主表，40个分类学科的数据分表及总被引频次、影响因子和互引图，其编排格式和指标如下：

• 2023年各学科分类期刊整体情况——各学科期刊数量、核心总被引频次平均值和中值，以及核心影响因子的平均值和中值。用于了解由于学科差异所导致的各学科指标差异的整体情况。

• 各学科分类期刊核心总被引频次和核心影响因子离均差率的分布散点图——根据各学科分类中核心期刊总被引频次和核心影响因子数值相对于学科平均水平的距离，分别计算每种期刊核心总被引频次和核心影响因子的"离均差率"，并分别作为横坐标和纵坐标位置绘制各学科的核心总被引频次和核心影响因子离均差率的分布散点图。通过核心总被引频次和核心影响因子离均差率的分布散点图，可以了解整个学科期刊的指标分布情况和期刊绝对影响能力（核心总被引频次方面）和相对影响效率（核心影响因子方面）的平衡程度。

• 各学科分类期刊基于互引网络的互引关系示意图——根据各学科中所收录的期刊相互引用次数的统计数据，以图形方式显示学科内不同期刊之间的引用强度和相似性。图中每个节点代表一种期刊，节点面积大小表示期刊综合评价总分的大小，节点之间的连线粗细程度表示期刊引用关系关联程度。为了使图示更加清晰，两个互相遮挡的节点，显示其中综合评价总分数值较大的节点标签。通过互引网络的互引关系示意图，可以清晰地看到学科内期刊相互之间的联系与聚合状态。

• 各学科分类期刊主要指标与排名——分别列出按各学科分类中按期刊名称排序的40个数据分表，分表列出了各学科期刊的核心总被引频次和核心影响因子的数值与在学科内的排名，以及核心总被引频次和核心影响因子的离均差率。同时还排出了各期刊的综合评价总分和在学科中的排名，便于读者评价和查询期刊。

（3）综合评价总分排名表——将期刊按综合评价总分排序，并列出了各期刊核心影响因子和核心总被引频次的数值及在全部期刊中的排名，可以大致了解期刊学术质量和影响在全国范围内所处的综合排名。被引用计量指标显示期刊被读者使用和重视的程度，以及在科学交流中的地位和作用，是评价期刊影响的重要依据和客观标准。综合评价总分是对期刊整体状况的一个综合描述。根据中国科学技术信息研究所研制的中国科技期刊综合评价指标体系，计算多项科学计量指标，采用层次分析法确定重要指标的权重，分学科对每种期刊进行综合评定，计算出每种期刊的综合评价总分。

（4）刊名目录情况——"2023年社会科学领域中国科技核心期刊目录"包括期刊编码（CODE）、刊名、期刊的学科分类和主编姓名，按期刊名称排序。

1.3 期刊评价指标

为了全面、准确、公正、客观地评价和利用期刊，《2024年版中国科技期刊引证报告（核心版）社会科学卷》借鉴国际通用评价体系，并在此基础上，结合我国期刊的实际情况，设计计算了24项学术计量指标，基本涵盖和描述了期刊的各个方面。计算各项指

标的数据范围仅为正式刊期中的数据,"增刊"等正刊以外的数据未予以计入。这些指标包括:

(1)期刊被引用计量指标

核心总被引频次、核心影响因子、核心即年指标、核心他引率、核心引用刊数、核心开放因子、核心扩散因子和核心被引半衰期。

(2)期刊来源计量指标

来源文献量、文献选出率、AR论文量、平均引文数、平均作者数、地区分布数、机构分布数、海外论文比、基金论文比和引用半衰期。

(3)学科分类内期刊计量指标

综合评价总分、学科扩散指标、学科影响指标、红点指标、核心总被引频次(数值、排名与离均差率)和核心影响因子(数值、排名与离均差率)。

此外,《2024年版中国科技期刊引证报告(核心版)社会科学卷》还分别计算了期刊综合评价总分、核心总被引频次和核心影响因子在其所在学科分类内和全部社会科学领域"中国科技核心期刊(中国科技论文统计源期刊)"中的排名。

《2024年版中国科技期刊引证报告(核心版)社会科学卷》引用部分指标是采用《中国科技论文引文数据库》(CSTPCD)2563种自然科学和社会科学期刊作为统计源,而《2024年版中国科技期刊引证报告(扩刊版)》是采用6000多种期刊作为数据源,因此"影响因子"等引用部分指标数值会有所不同。为了方便读者使用,《中国科技期刊引证报告(核心版)社会科学卷》以"核心影响因子"和"核心总被引频次"等名称来替代以前出版的"核心版"报告中相应的"影响因子"和"总被引频次"等指标,与"扩刊版"报告中的"扩展影响因子"和"扩展总被引频次"等指标加以区别。

1.4 期刊的学科分类

学科是随着科学技术的发展而不断融合、衍生和变化的。一些交叉领域的期刊,刊载内容是跨学科的科研成果。《2024年版中国科技期刊引证报告(核心版)社会科学卷》根据每种期刊刊载论文的主要分布领域,将覆盖多学科和跨学科内容的期刊复分归入2个或3个学科分类。依据《学科分类与代码》(GB/T 13745—2009)和《中国图书资料分类法(第四版)》的学科分类原则,同时考虑到我国科技期刊的实际分布情况,《2024年版中国科技期刊引证报告(核心版)社会科学卷》将来源期刊分别归类到40个学科类别(表1-1)。

表 1-1　学科分类

领域	学科分类		
社会科学综合	·社会科学综合	·社会科学综合大学学报	·社会科学师范大学学报
人文艺术	·马克思主义 ·哲学 ·宗教学 ·语言学综合	·外国语言学 ·中国文学 ·外国文学 ·艺术学	·历史学 ·考古学
经济政治	·经济学综合 ·经济大学学报 ·国民经济学、管理经济学、数量经济学 ·会计学、审计学 ·生态农业经济学 ·工商业经济学	·财政学、金融学、保险学 ·政治学综合 ·政治大学学报 ·行政学 ·国际政治学、外交学 ·法学综合	·部门法学、刑事侦查学、司法鉴定学 ·军事学 ·社会学综合 ·人口学、劳动科学 ·民族学与文化学
传播教育	·新闻学与传播学 ·图书馆学、文献学 ·情报学 ·档案学、博物馆学	·教育学综合 ·学前教育学、普通教育学 ·高等教育学	·成人教育学、职业技术教育学 ·体育科学
统计	·统计学		

2 使用说明

《中国科技期刊引证报告》是用于中国科技期刊分析与评价的科学计量工具。报告可用于定量分析和科学评价期刊的学术特征和学科地位，较为客观地反映期刊发展的趋势和规律，为科研管理和决策提供依据。因此，本报告在期刊分析评价和科学计量学研究与应用等方面具有其他检索评价工具无法取代的独特功能。正确使用和充分开发本报告，可以使其成为科研工作者、期刊编辑（部）、图书情报人员、科研管理人员和科学计量学家的得力助手和有效工具。

2.1 主要功能

《中国科技期刊引证报告》应用引文分析方法及各种量化指标，可以清楚地表明：

- 某一学科领域内，哪些期刊学术影响力较大；
- 某一学科领域内，期刊之间指标分布情况和互引关系分布情况如何；
- 某一种期刊被引用了多少次；
- 某一种期刊出版后多久被引用；
- 某一种期刊引用其他期刊多少次；
- 某一种期刊的各项学术指标在学科中所处的位置。

根据使用者的工作性质，本报告可以给使用者不同的有益提示。例如：

- 帮助科研人员发表论文时选择相关领域最适合的期刊，提高论文的知名度和影响力；
- 帮助期刊编辑与同类刊物相比较并评估自刊的地位，从而确定编辑和出版策略；
- 帮助科研管理人员科学地评价管理期刊，为开展期刊评比和择优资助提供决策依据；
- 帮助图书情报人员更有效地管理馆藏期刊文献，合理运用有限的预算订购重要期刊；
- 帮助科学计量学家开展相关的期刊评价与分析研究，以及进行学科的科学评估。

2.2 查阅方法

2.2.1 查询期刊指标

报告的第4部分包括2个表格："表4-1 2023年社会科学领域中国科技核心期刊被引用指标刊名字顺索引""表4-2 2023年社会科学领域中国科技核心期刊来源指标刊名字顺索引"。这2个表格分别按照期刊名称汉语拼音字顺排列，分列出了期刊的多项科学计量指标。

2.2.2　期刊在学科领域内学术指标位置

如果读者希望了解某一种期刊在其所属学科领域中的位置，可查询"表8-1　2023年中国科技核心期刊目录（社会科学）"找到该刊所在的分类。再到"表5-1　2023年各学科分类期刊数量、核心总被引频次和核心影响因子（社会科学）"中检索到这一分类的具体位置，也就是在第6部分中相应的表格。在第6部分各学科分类的插图和数据表中，可以进一步查阅在期刊核心总被引频次和核心影响因子的分类排序，以及综合评价总分的数值，还可以对照各学科平均总被引频次和平均影响因子，以及离均差率分布图，了解期刊在学科中的具体位置和期刊的互引关系。在使用时需要考虑指标分布的整体情况及其由于学科不同所造成的指标差异。

2.2.3　期刊在所有期刊中的学术指标位置

根据查询所得的期刊综合评价指标，可以在"表7-1　2023年中国科技核心期刊综合评价总分排名（社会科学）"中检索出该期刊在全部期刊中的学术指标位置。同时还可以检索出中国科技核心期刊的核心总被引频次总排名和核心影响因子总排名及各期刊在全部期刊中的排名。

2.3　评价方法

利用《2024年版中国科技期刊引证报告（核心版）社会科学卷》评价期刊有两种方式，即单一指标评价和综合指标评价。具体方法分述如下。

2.3.1　单一指标评价

单一指标评价主要是指按照影响因子和总被引频次这两个国际通行评价指标，对期刊进行评价。这时可通过期刊的核心影响因子排序表和核心总被引频次排序表确定该期刊在同类期刊中所处的位置，从而对该期刊的学术影响力和学科地位进行评价和评估。还可以通过核心影响因子总排序表和核心总被引频次总排序表在不同学科领域中进行横向比较，确定该期刊的位置。单一指标评价也可以通过期刊来源指标刊名字顺索引表对期刊的编辑状况、交流范围、论文质量和老化速率等进行统计、分析、比较和评估。

2.3.2　综合指标评价

由于期刊评价工作是一项非常复杂的工作，涉及领域广，学科差异大，因此单一指标往往难以全面、准确地评价期刊的学术水平和学科地位，这时一般需要通过综合指标评价，以使期刊评价更加客观、全面和准确。要进行期刊的综合指标评价，首先需要建立期刊综合评价指标体系，利用数学方法确定各指标的权重值，然后求出综合指标排序值，最终得到期刊指标的综合排序。

这种期刊评价方法已被广泛地推广和使用，1999年中国科学技术信息研究所在国内首先提出了中国科技期刊综合评价指标体系。根据这一指标体系，计算得出的综合评价总分，即是一种综合评价的结果。

3 名词解释

核心总被引频次：期刊自创刊以来所登载的全部论文在统计当年被引用的总次数，可以显示该期刊被使用和受重视的程度，以及在科学交流中的绝对影响力的大小。

核心影响因子：期刊评价前两年发表论文的篇均被引用的次数，用于测度期刊学术影响力。

$$核心影响因子 = \frac{该期刊前两年发表论文在统计当年被引用的总次数}{该期刊前两年发表论文总数}$$

核心即年指标：期刊当年发表的论文在当年被引用的情况，表征期刊即时反应速率的指标。

$$核心即年指标 = \frac{该期刊当年发表论文的被引用次数}{该期刊当年发表论文总数}$$

核心他引率：期刊总被引频次中，被其他期刊引用次数所占的比例，测度期刊学术传播能力。

$$核心他引率 = \frac{被其他期刊引用的次数}{期刊被引用的总次数}$$

核心引用刊数：引用被评价期刊的期刊数，反映被评价期刊被使用的范围。

核心开放因子：期刊被引用次数的一半所分布的最小施引期刊数量，体现学术影响的集中度。

核心扩散因子：期刊当年每被引100次所涉及的期刊数，测度期刊学术传播范围。

$$核心扩散因子 = \frac{总被引频次涉及的期刊数 \times 100}{总被引频次}$$

学科扩散指标：在统计源期刊范围内，引用该期刊的期刊数与其所在学科全部期刊数之比。

$$学科扩散指标 = \frac{引用期刊数}{所在学科期刊数}$$

学科影响指标：指期刊所在学科内，引用该期刊的期刊数占全部期刊数量的比例。

$$学科影响指标 = \frac{所在学科内引用被评价期刊的数量}{所在学科期刊数}$$

核心被引半衰期：指该期刊在统计当年被引用的全部次数中，较新一半是在多长一段时间内发表的。被引半衰期是测度期刊老化速度的一种指标，通常不是针对个别文献或某一组文献，而是对某一学科或专业领域的文献的总和而言。

来源文献量：指符合统计来源论文选取原则的文献的数量。在期刊发表的全部内容中，只有报道科学发现和技术创新成果的学术技术类文献用于中国科技论文统计工作的数据来源。

文献选出率：指来源文献量与期刊全年发表的所有文献总量之比，用于反映期刊发表内容中报道学术技术类成果的比例。

AR论文量：指期刊所发表的文献中文献类型为学术性论文（Article）和综述评论性论文（Review）的论文数量，用于反映期刊发表的内容中学术性成果的数量。

平均引文数：指来源期刊每一篇论文平均引用的参考文献数。论文所引用的全部参考文献数是衡量该期刊科学交流程度和吸收外部信息能力的一个指标。

平均作者数：指来源期刊每一篇论文平均拥有的作者数，是衡量该期刊科学生产能力的一个指标。

地区分布数：指来源期刊登载论文所涉及的地区数，按全国31个省（自治区、直辖市）计（不含港澳台地区）。这是衡量期刊论文覆盖面和全国影响力大小的一个指标。

机构分布数：指来源期刊论文的作者所涉及的机构数。这是衡量期刊科学生产能力的另一个指标。

海外论文比：指来源期刊中，海外作者发表论文占全部论文的比例。这是衡量期刊国际交流程度的一个指标。

基金论文比：指来源期刊中，国家、省部级以上及其他各类重要基金资助的论文占全部论文的比例。这是衡量期刊论文学术质量的重要指标。

引用半衰期：指该期刊引用的全部参考文献中，较新一半是在多长一段时间内发表的。通过这个指标可以反映作者利用文献的新颖度。

离均差率：指期刊的某项指标与其所在学科的平均值之间的差距与平均值的比例。通过这项指标可以反映期刊的单项指标在学科内的相对位置。

$$某项指标的离均差率 = \frac{被评价期刊的指标 - 所在学科内该项指标的平均值}{所在学科内该项指标的平均值}$$

红点指标：指该期刊发表的论文中，关键词与其所在学科排名前 1% 的高频关键词重合的论文所占的比例。通过这个指标可以反映出期刊论文与学科研究热点的重合度。

综合评价总分：根据中国科技期刊综合评价指标体系，计算多项科学计量指标，采用层次分析法确定重要指标的权重，分学科对每种期刊进行综合评定，计算出每种期刊的综合评价总分。

综合评价总分是根据科学计量学原理，系统性地综合考虑被评价期刊的各影响力指标（核心总被引频次、核心影响因子、核心他引率、基金论文比、平均引文数等）在其所在学科中的相对位置，并按照一定的权重系数将这些指标进行综合集成。

具体的算法如下：

$$综合评价总分 = \sum_{i=1}^{n} \mu_i k_i$$

其中，μ_i 为各指标的权重系数，k_i 为影响力指标的相对位置的得分。k_i 的计算公式如下：

$$k_i = \frac{x - x_{\min}}{x_{\max} - x_{\min}}$$

其中，x 为影响力指标的得分，如对于总被引频次指标来说就是该期刊的总被引频次。$x_{\max}$ 为该期刊所在学科的影响力指标的最大值，如对于总被引频次指标来说就是该期刊所在学科期刊的总被引频次的最大值。$x_{\min}$ 为该期刊所在学科的影响力指标的最小值，如对于总被引频次指标来说就是该期刊所在学科期刊的总被引频次的最小值。

各影响力指标对期刊的作用不是同等重要的。因此，不同的指标被赋予了不同的权重系数 μ，权重系数是采用专家打分和层次分析法确定的。在《2024 年版中国科技期刊引证报告（核心版）社会科学卷》中，权重系数总和为 100，即综合评价总分在 0～100。数值越大，说明该期刊的综合学术质量和影响力越高。

根据综合评价指标体系的设计原理，综合评价总分已经屏蔽了各学科之间总体指标背景值的差异，可以进行跨学科比较。

中国科学技术信息研究所每年定期出版《中国科技期刊引证报告》，公布《中国科技论文引文数据库》（CSTPCD）收录的中国科技论文统计源期刊的多项科学计量指标。从

1999年开始，中国科学技术信息研究所就开始以这些指标为基础，研制发布了"中国科技期刊综合评价指标体系"，采用层次分析法，由专家打分确定了重要指标的权重，并分学科对每种期刊进行了综合评定。从2015年开始扩展为包括自然科学领域和社会科学领域的全学科期刊评价体系，形成了目前这一套日臻完善的学术期刊评价工具。

4 2023年社会科学领域中国科技核心期刊指标

4.1 期刊被引用指标刊名字顺排序

表4-1 2023年社会科学领域中国科技核心期刊被引用指标刊名字顺索引

CODE	刊名	核心总被引频次	核心影响因子	核心即年指标	核心他引率	核心引用刊数	核心开放因子	核心扩散因子	核心被引半衰期
S929	北京大学学报哲学社会科学版	1138	0.744	0.208	0.98	339	71	29.79	14.5
S153	北京电影学院学报	293	0.301	0.147	0.74	44	3	15.02	4.0
S148	北京工业大学学报社会科学版	625	2.664	0.721	0.89	286	49	45.76	2.6
S997	北京航空航天大学学报社会科学版	333	0.584	0.253	0.94	195	48	58.56	2.7
S930	北京师范大学学报社会科学版	865	0.739	0.261	0.98	314	51	36.30	8.6
S877	北京体育大学学报	1386	1.226	0.187	0.79	199	6	14.36	5.1
S156	北京行政学院学报	503	0.952	0.304	0.97	220	44	43.74	4.4
S695	比较教育学报	256	0.562	0.154	0.76	69	7	26.95	4.4
S666	比较教育研究	785	0.727	0.077	0.80	130	8	16.56	5.4
A570	编辑学报	1380	1.764	0.486	0.53	109	2	7.90	3.7
S731	财经科学	1453	1.782	0.328	0.95	285	39	19.61	3.8
S647	财经理论与实践	730	1.139	0.300	0.86	211	26	28.90	3.4
S147	财经论丛	859	1.461	0.375	0.89	214	30	24.91	3.2
S732	财经问题研究	1244	1.403	0.504	0.96	301	46	24.20	3.7
S733	财经研究	3472	4.764	0.947	0.96	338	43	9.74	3.8
S734	财贸经济	4069	4.656	0.606	0.97	312	38	7.67	4.4
S735	财政研究	1783	2.447	0.440	0.84	257	28	14.41	4.2
S159	产业经济研究	1462	5.258	0.780	0.91	219	26	14.98	3.3
S889	成都体育学院学报	660	0.814	0.200	0.85	109	5	16.52	4.2
S736	城市发展研究	2982	1.359	0.165	0.88	396	17	13.28	4.8
S737	城市问题	1381	1.504	0.355	0.91	340	30	24.62	5.0
S443	重庆大学学报社会科学版	795	1.248	0.734	0.90	298	49	37.48	2.8
S892	大学图书馆学报	782	1.363	0.253	0.80	84	4	10.74	4.2
S738	当代财经	1303	1.806	0.514	0.80	238	25	18.27	3.3
S160	当代电影	744	0.322	0.135	0.64	79	2	10.62	5.0
S739	当代经济科学	801	2.556	0.517	0.94	231	37	28.84	3.5
S740	当代经济研究	585	0.815	0.245	0.88	209	30	35.73	3.6
S161	当代青年研究	361	0.756	0.262	0.69	124	4	34.35	3.4
S162	当代外国文学	92	0.051	0.000	0.82	31	5	33.70	9.8
S164	当代亚太	337	1.600	0.065	0.83	79	5	23.44	5.1
S165	当代语言学	307	0.281	0.157	0.81	50	5	16.29	9.9
S166	当代作家评论	320	0.170	0.057	0.79	44	3	13.75	14.1
S167	党的文献	193	0.179	0.063	0.95	100	18	51.81	10.3
S597	党政研究	157	0.475	0.167	0.89	85	19	54.14	2.7
S608	档案学通讯	685	1.462	0.133	0.69	51	2	7.45	4.2

表4-1 2023年社会科学领域中国科技核心期刊被引用指标刊名字顺索引（续）

CODE	刊名	核心总被引频次	核心影响因子	核心即年指标	核心他引率	核心引用刊数	核心开放因子	核心扩散因子	核心被引半衰期
S609	档案学研究	631	1.041	0.055	0.59	60	2	9.51	3.6
S169	电影艺术	544	0.456	0.148	0.87	64	2	11.76	6.1
S170	东北大学学报社会科学版	386	0.571	0.173	0.96	231	61	59.84	4.3
S171	东北亚论坛	303	1.365	0.519	0.71	106	8	34.98	2.7
S172	东南大学学报哲学社会科学版	435	0.826	0.106	0.96	250	62	57.47	4.2
S173	东南文化	577	0.454	0.078	0.65	131	4	22.70	8.3
S174	东南学术	583	0.663	0.221	0.93	274	60	47.00	3.8
S175	敦煌学辑刊	283	0.113	0.028	0.62	53	2	18.73	15.8
S176	敦煌研究	698	0.262	0.000	0.79	104	3	14.90	15.7
S177	俄罗斯文艺	52	0.103	0.000	0.52	18	2	34.62	10.0
S621	法律科学－西北政法大学学报	1724	2.283	1.096	0.93	207	16	12.01	5.0
S622	法商研究	1400	2.065	0.393	0.93	181	15	12.93	5.2
S623	法学	2213	1.758	0.466	0.90	229	15	10.35	5.5
S624	法学家	1637	2.622	0.615	0.92	169	12	10.32	5.3
S178	法学论坛	998	1.806	0.541	0.95	187	20	18.74	4.4
S625	法学评论	1415	1.792	0.515	0.96	213	17	15.05	5.0
S626	法学研究	3387	3.572	1.438	0.95	241	15	7.12	6.7
S319	法学杂志	977	1.287	0.266	0.96	199	20	20.37	5.2
S627	法制与社会发展	1194	2.633	0.708	0.91	173	14	14.49	4.6
S179	方言	284	0.155	0.019	0.52	26	2	9.15	16.2
S933	福建师范大学学报哲学社会科学版	404	1.016	0.315	0.94	207	44	51.24	2.8
S852	妇女研究论丛	522	0.926	0.214	0.74	138	8	26.44	5.3
S934	复旦学报社会科学版	579	0.402	0.129	0.97	277	60	47.84	8.6
S743	改革	4324	6.402	1.107	0.95	464	47	10.73	3.3
S181	甘肃政法大学学报	234	0.486	0.048	0.94	90	17	38.46	4.8
S668	高等工程教育研究	1374	1.070	0.350	0.75	196	6	14.26	4.3
S669	高等教育研究	1341	0.912	0.199	0.85	183	8	13.65	6.2
S822	工程管理科技前沿	480	0.935	0.167	0.89	166	21	34.58	4.2
J067	工业技术经济	1182	0.847	0.330	0.93	309	27	26.14	3.8
S183	公共行政评论	928	1.748	0.292	0.89	250	27	26.94	5.1
S184	古汉语研究	102	0.056	0.024	0.75	29	4	28.43	18.5
S185	古籍整理研究学刊	79	0.015	0.021	0.92	48	12	60.76	12.8
S188	广东财经大学学报	486	2.464	0.574	0.93	181	29	37.24	2.8
S936	广西民族大学学报哲学社会科学版	419	0.298	0.034	0.83	156	18	37.23	7.4
S190	贵州财经大学学报	324	1.031	0.258	0.93	136	24	41.98	3.3
S746	国际金融研究	1679	2.763	0.417	0.87	177	18	10.54	3.9
S747	国际经济合作	303	0.931	0.347	0.80	147	20	48.51	3.7
S831	国际经贸探索	853	2.113	0.595	0.86	184	20	21.57	3.2
S750	国际贸易问题	2273	2.869	0.529	0.89	248	20	10.91	4.7
S192	国际商务－对外经济贸易大学学报	328	1.196	0.118	0.94	129	21	39.33	3.5
S751	国际商务研究	185	0.841	0.271	0.85	102	23	55.14	2.7
L042	国际石油经济	573	0.712	0.295	0.78	166	10	28.97	2.9
S194	国家检察官学院学报	730	2.121	0.500	0.92	102	11	13.97	3.7

表4-1 2023年社会科学领域中国科技核心期刊被引用指标刊名字顺索引（续）

CODE	刊名	核心总被引频次	核心影响因子	核心即年指标	核心他引率	核心引用刊数	核心开放因子	核心扩散因子	核心被引半衰期
S195	国家教育行政学院学报	679	1.011	0.290	0.92	167	13	24.59	3.2
S197	国家图书馆学刊	480	1.100	0.390	0.90	83	5	17.29	4.1
S200	汉语学习	303	0.188	0.000	0.73	29	3	9.57	12.7
S204	河北师范大学学报教育科学版	239	0.383	0.075	0.90	80	10	33.47	4.4
S272	河海大学学报哲学社会科学版	501	1.368	0.295	0.89	232	42	46.31	2.9
S205	河南大学学报社会科学版	351	0.285	0.129	0.93	203	44	57.83	6.0
S206	红楼梦学刊	222	0.106	0.016	0.26	22	1	9.91	14.0
S209	湖南大学学报社会科学版	385	0.514	0.139	0.93	206	48	53.51	3.8
S210	湖南科技大学学报社会科学版	312	0.550	0.051	0.89	180	38	57.69	3.0
S211	湖南社会科学	380	0.454	0.200	0.96	227	58	59.74	4.3
S212	湖南师范大学教育科学学报	462	0.988	0.247	0.90	100	10	21.65	3.7
S213	湖南师范大学社会科学学报	409	0.599	0.088	0.96	222	53	54.28	4.0
S673	华东师范大学学报教育科学版	1134	1.489	0.984	0.89	197	13	17.37	3.6
S939	华东师范大学学报哲学社会科学版	494	0.782	0.115	0.95	254	56	51.42	5.1
S214	华东政法大学学报	1061	2.419	0.398	0.94	173	15	16.31	4.0
S940	华南师范大学学报社会科学版	505	0.815	0.110	0.96	272	67	53.86	3.9
S215	华侨华人历史研究	188	0.413	0.108	0.42	32	1	17.02	8.9
S941	华中师范大学学报人文社会科学版	827	0.650	0.136	0.97	325	61	39.30	8.3
S216	黄钟－武汉音乐学院学报	161	0.151	0.032	0.87	27	4	16.77	15.5
S942	吉林大学社会科学学报	704	0.735	0.170	0.97	298	67	42.33	5.6
S998	计量经济学报	118	1.184	0.036	0.51	26	2	22.03	2.1
S718	技术经济	1421	1.404	0.598	0.73	325	15	22.87	3.3
S719	技术经济与管理研究	836	0.640	0.295	0.87	268	25	32.06	3.0
S832	价格理论与实践	1976	0.856	0.357	0.55	391	6	19.79	2.9
S944	江海学刊	791	0.609	0.123	0.97	315	68	39.82	5.2
S674	江苏高教	722	0.527	0.214	0.77	156	8	21.61	3.7
S854	江苏社会科学	988	0.904	0.425	0.96	342	66	34.62	4.6
S219	江西行政学院学报	414	0.593	0.113	0.97	204	45	49.28	5.3
S220	江西财经大学学报	457	1.142	0.400	0.82	193	32	42.23	3.4
S946	江西社会科学	910	0.592	0.115	0.96	369	70	40.55	4.1
S221	交响－西安音乐学院学报	79	0.050	0.032	0.48	14	1	17.72	12.9
S222	教师教育研究	670	0.784	0.165	0.79	94	9	14.03	5.3
S675	教学与研究	548	0.623	0.218	0.94	198	35	36.13	4.9
S223	教育财会研究	75	0.185	0.049	0.25	16	1	21.33	2.9
S676	教育发展研究	1538	0.885	0.203	0.88	197	13	12.81	5.0
S677	教育科学	364	0.566	0.198	0.86	108	13	29.67	4.9
S415	教育生物学杂志	119	0.291	0.091	0.88	68	14	57.14	3.1
S224	教育学报	503	0.589	0.126	0.94	118	12	23.46	5.7
S681	教育研究	3489	2.724	0.602	0.88	280	12	8.03	5.2
S682	教育研究与实验	457	0.472	0.094	0.91	138	16	30.20	9.5
S683	教育与经济	475	1.087	0.127	0.84	131	14	27.58	4.8
S225	解放军外国语学院学报	289	0.233	0.061	0.84	66	6	22.84	6.5
S226	金融经济学研究	618	2.228	0.695	0.91	168	24	27.18	3.0

表 4-1　2023 年社会科学领域中国科技核心期刊被引用指标刊名字顺索引（续）

CODE	刊名	核心总被引频次	核心影响因子	核心即年指标	核心他引率	核心引用刊数	核心开放因子	核心扩散因子	核心被引半衰期
S652	金融理论与实践	383	0.580	0.198	0.80	160	20	41.78	3.0
S227	金融论坛	512	0.911	0.141	0.93	152	27	29.69	3.7
S228	近代史研究	602	0.591	0.118	0.94	115	10	19.10	11.7
S759	经济管理	3316	4.412	0.624	0.93	343	32	10.34	3.7
S760	经济经纬	1009	2.075	0.494	0.88	261	32	25.87	3.6
S761	经济科学	946	1.985	0.405	0.97	227	41	24.00	4.9
S762	经济理论与经济管理	1118	1.649	0.323	0.90	245	41	21.91	4.7
S764	经济评论	1347	2.958	1.085	0.95	277	41	20.56	4.4
S765	经济社会体制比较	1291	1.535	0.241	0.90	309	49	23.93	5.7
S767	经济体制改革	1302	1.852	0.264	0.96	319	41	24.50	3.1
S768	经济问题	1720	1.844	0.701	0.92	366	40	21.28	3.2
S769	经济问题探索	2044	2.579	0.525	0.96	374	36	18.30	3.4
S229	经济学	5242	4.885	0.428	0.97	357	37	6.81	5.7
S282	经济学报	269	1.052	0.458	0.94	125	27	46.47	3.7
S721	经济学动态	2810	3.182	0.539	0.97	349	46	12.42	4.3
S771	经济学家	3174	3.581	0.567	0.95	372	45	11.72	3.7
S772	经济研究	22778	9.462	1.747	0.96	487	39	2.14	6.8
S230	经济与管理评论	578	1.851	0.600	0.84	204	24	35.29	2.8
S773	经济与管理研究	1418	2.373	0.419	0.96	327	43	23.06	3.8
S774	经济纵横	1676	2.009	0.570	0.96	369	42	22.02	3.3
S094	竞争情报	109	0.450	0.065	0.94	43	7	39.45	4.0
S232	军事运筹与评估	311	0.451	0.040	0.78	70	5	22.51	5.6
S233	开放教育研究	609	1.783	0.718	0.80	157	10	25.78	3.0
S234	开放时代	1322	1.070	0.369	0.94	232	27	17.55	9.3
S155	开放学习研究	80	0.488	0.122	0.31	17	1	21.25	2.6
S235	抗日战争研究	167	0.250	0.020	0.69	41	5	24.55	10.5
S808	考古	1784	0.584	0.093	0.84	128	6	7.17	23.0
S809	考古学报	713	0.452	0.176	0.94	109	7	15.29	34.7
S810	考古与文物	581	0.307	0.244	0.79	87	6	14.97	13.9
W027	科技与法律中英文版	258	0.524	0.102	0.90	114	22	44.19	3.7
A223	科普研究	275	0.838	0.103	0.64	72	4	26.18	3.6
S236	课程·教材·教法	1106	0.601	0.100	0.62	107	4	9.67	4.7
S947	兰州大学学报社会科学版	535	1.244	0.159	0.96	277	70	51.78	3.6
S237	理论探讨	641	0.863	0.256	0.97	264	52	41.19	3.9
S238	理论与改革	586	1.610	0.627	0.96	217	33	37.03	3.1
S239	历史教学问题	108	0.069	0.000	0.81	57	10	52.78	11.0
S240	历史研究	1056	0.696	0.071	0.92	180	16	17.05	16.9
S242	林业经济问题	474	1.025	0.127	0.55	99	3	20.89	3.8
S243	鲁迅研究月刊	312	0.099	0.015	0.69	56	3	17.95	16.6
S245	旅游科学	645	1.563	0.222	0.84	131	8	20.31	6.3
S616	旅游学刊	3449	2.108	0.388	0.82	285	10	8.26	5.6
S244	伦理学研究	270	0.216	0.036	0.90	128	23	47.41	5.7
S246	马克思主义研究	1104	1.560	0.261	0.88	224	19	20.29	3.0

表 4-1　2023 年社会科学领域中国科技核心期刊被引用指标刊名字顺索引（续）

CODE	刊名	核心总被引频次	核心影响因子	核心即年指标	核心他引率	核心引用刊数	核心开放因子	核心扩散因子	核心被引半衰期
S247	马克思主义与现实	720	0.575	0.076	0.96	239	38	33.19	5.7
S637	煤炭经济研究	430	0.546	0.098	0.64	124	3	28.84	3.4
S248	美术研究	260	0.294	0.198	0.34	55	1	21.15	5.2
S249	民族教育研究	501	0.758	0.215	0.49	88	1	17.56	3.3
S251	民族文学研究	219	0.141	0.071	0.48	47	1	21.46	12.2
S252	民族研究	643	1.000	0.088	0.87	148	8	23.02	8.6
S253	民族艺术	342	0.319	0.122	0.69	93	4	27.19	7.5
S254	明清小说研究	115	0.154	0.000	0.69	34	3	29.57	13.3
S255	南方文坛	247	0.179	0.118	0.79	45	3	18.22	6.5
S950	南京大学学报哲学·人文科学·社会科学	581	0.933	0.122	0.97	259	62	44.58	7.2
S858	南京社会科学	1655	1.330	0.401	0.95	421	74	25.44	3.7
S777	南开经济研究	1106	1.394	0.132	0.92	239	37	21.61	4.7
S953	南开学报哲学社会科学版	491	0.683	0.146	0.96	247	57	50.31	5.1
S839	农村经济	1713	1.453	0.324	0.89	331	28	19.32	4.0
S778	农业技术经济	3167	4.178	1.000	0.87	335	15	10.58	4.4
S779	农业经济问题	4487	5.625	1.198	0.85	426	18	9.49	3.8
Q438	农业图书情报学报	413	0.905	0.400	0.74	108	2	26.15	2.5
S639	企业经济	657	0.641	0.173	0.90	268	40	40.79	3.5
S258	青年探索	223	0.740	0.213	0.71	84	6	37.67	3.3
S259	青年研究	471	0.947	0.133	0.87	151	13	32.06	7.2
S260	青少年犯罪问题	219	0.702	0.178	0.82	63	8	28.77	2.9
S687	清华大学教育研究	845	0.876	0.418	0.93	171	12	20.24	5.9
S955	清华大学学报哲学社会科学版	633	0.685	0.083	0.98	276	61	43.60	7.6
S844	情报工程	187	0.492	0.050	0.91	88	12	47.06	4.2
S846	情报科学	3015	1.858	0.375	0.83	434	8	14.39	3.8
S847	情报理论与实践	4013	2.262	0.870	0.82	393	6	9.79	3.5
W020	情报学报	2385	3.044	0.076	0.85	277	5	11.61	4.3
S848	情报杂志	3804	1.755	0.370	0.83	454	8	11.93	4.3
S849	情报资料工作	956	2.387	0.448	0.95	143	7	14.96	3.8
S261	求实	473	1.787	0.383	0.93	203	39	42.92	4.2
S956	求是	3889	3.930	1.856	1.00	399	37	10.26	2.4
S958	求索	942	1.231	0.496	0.93	344	64	36.52	3.9
S688	全球教育展望	837	0.711	0.325	0.92	119	9	14.22	6.6
S106	全球科技经济瞭望	312	0.366	0.057	0.79	99	8	31.73	4.2
S860	人口研究	1703	3.303	0.673	0.93	367	40	21.55	7.1
S862	人口与经济	869	1.841	0.403	0.94	293	49	33.72	5.7
S628	人民检察	888	0.572	0.101	0.68	84	5	9.46	2.9
S263	人民音乐	378	0.067	0.023	0.80	36	3	9.52	17.3
S617	人文地理	2917	1.713	0.276	0.89	328	12	11.24	6.9
S819	软科学	2853	2.041	0.586	0.92	433	33	15.18	3.8
S264	山东大学学报哲学社会科学版	669	1.095	0.823	0.95	301	64	44.99	3.5
S961	山西财经大学学报	1221	2.220	0.830	0.94	257	32	21.05	3.3
S964	陕西师范大学学报哲学社会科学版	543	1.210	0.167	0.91	242	45	44.57	3.6

表 4-1 2023 年社会科学领域中国科技核心期刊被引用指标刊名字顺索引（续）

CODE	刊名	核心总被引频次	核心影响因子	核心即年指标	核心他引率	核心引用刊数	核心开放因子	核心扩散因子	核心被引半衰期
S834	商业经济与管理	558	1.006	0.200	0.87	203	26	36.38	4.3
S835	商业研究	711	0.919	0.223	0.97	259	44	36.43	4.4
S265	上海财经大学学报哲学社会科学版	640	2.283	0.600	0.94	232	45	36.25	3.1
S965	上海大学学报社会科学版	338	0.794	0.125	0.96	172	41	50.89	4.8
S266	上海翻译	574	0.822	0.265	0.65	57	3	9.93	4.5
S268	上海金融	274	0.563	0.155	0.71	113	10	41.24	4.3
S781	上海经济研究	1318	2.151	0.345	0.94	300	39	22.76	3.4
S269	上海师范大学学报哲学社会科学版	346	0.460	0.275	0.94	198	49	57.23	4.8
S883	上海体育学院学报	953	1.670	0.308	0.83	139	5	14.59	3.4
S267	上海行政学院学报	434	0.964	0.173	0.93	176	28	40.55	4.9
S270	社会	1548	1.500	0.143	0.93	275	28	17.76	8.9
S271	社会保障研究	446	1.149	0.226	0.85	174	23	39.01	4.2
S863	社会科学	1469	1.029	0.170	0.96	399	76	27.16	5.1
SA01	社会科学家	712	0.429	0.078	0.92	323	58	45.37	4.1
S865	社会科学研究	837	0.822	0.318	0.99	326	72	38.95	5.6
S866	社会科学战线	1490	0.549	0.113	0.95	421	82	28.26	5.0
S867	社会学研究	3866	4.074	0.833	0.93	392	36	10.14	9.8
S276	社会主义研究	561	0.653	0.136	0.95	202	37	36.01	4.8
S890	沈阳体育学院学报	616	1.175	0.543	0.65	86	3	13.96	2.8
S782	审计研究	1181	2.264	0.233	0.68	139	9	11.77	4.8
S784	生态经济	3142	1.491	0.237	0.91	566	46	18.01	3.7
S278	史学月刊	560	0.281	0.006	0.90	160	18	28.57	10.5
S691	世界汉语教学	484	0.638	0.148	0.87	51	4	10.54	9.9
S785	世界经济	5601	4.594	0.972	0.96	307	30	5.48	6.3
S787	世界经济研究	1442	2.313	0.450	0.91	219	26	15.19	3.9
S788	世界经济与政治	1331	1.723	0.417	0.71	206	6	15.48	5.9
S789	世界经济与政治论坛	266	1.302	0.152	0.82	109	18	40.98	3.6
A201	世界科技研究与发展	515	0.985	0.273	0.94	321	65	62.33	6.4
S285	世界民族	229	0.352	0.034	0.64	75	4	32.75	7.5
S286	世界宗教文化	176	0.145	0.007	0.74	41	3	23.30	4.6
S287	世界宗教研究	250	0.124	0.006	0.71	60	3	24.00	8.6
S850	数据分析与知识发现	1516	1.844	0.718	0.86	282	9	18.60	3.5
S790	数量经济技术经济研究	5298	7.670	2.675	0.93	434	36	8.19	3.9
B523	数学教育学报	895	2.135	0.351	0.13	35	1	3.91	3.0
W022	数字图书馆论坛	605	1.190	0.157	0.90	107	8	17.69	3.4
S656	税务与经济	205	0.569	0.225	0.82	98	14	47.80	2.6
S290	思想教育研究	582	0.405	0.162	0.82	173	13	29.73	3.0
S291	思想理论教育导刊	513	0.354	0.148	0.90	148	15	28.85	3.8
S292	思想战线	655	0.614	0.260	0.94	239	33	36.49	6.6
S967	四川大学学报哲学社会科学版	484	0.368	0.165	0.96	253	61	52.27	5.6
S294	苏州大学学报哲学社会科学版	591	1.058	0.167	0.92	239	40	40.44	4.0
S295	台湾研究	180	0.383	0.050	0.42	13	1	7.22	4.7
S296	台湾研究集刊	160	0.295	0.093	0.62	27	2	16.88	5.9

表 4-1　2023 年社会科学领域中国科技核心期刊被引用指标刊名字顺索引（续）

CODE	刊名	核心总被引频次	核心影响因子	核心即年指标	核心他引率	核心引用刊数	核心开放因子	核心扩散因子	核心被引半衰期
S297	探索	816	1.715	0.701	0.80	203	19	24.88	3.3
S880	体育学刊	869	1.146	0.353	0.78	113	5	13.00	3.9
S885	体育与科学	560	0.792	0.376	0.83	90	5	16.07	4.6
S886	天津体育学院学报	654	1.144	0.174	0.79	120	5	18.35	3.8
S793	统计研究	3216	3.757	0.490	0.93	430	44	13.37	4.4
S293	统计与决策	5546	1.238	0.373	0.84	876	47	15.80	3.2
S306	统计与信息论坛	1330	1.958	0.777	0.82	420	41	31.58	3.4
S895	图书馆建设	859	1.097	0.459	0.85	87	5	10.13	4.0
S897	图书馆论坛	1744	1.691	0.846	0.84	189	7	10.84	2.8
S308	图书馆学研究	1345	1.021	0.224	0.86	168	6	12.49	4.0
S899	图书情报工作	4760	2.011	0.283	0.86	382	7	8.03	4.5
S900	图书情报知识	1081	2.218	1.147	0.95	185	8	17.11	3.7
S901	图书与情报	1024	1.317	0.297	0.94	163	8	15.92	4.5
S694	外国教育研究	439	0.512	0.083	0.86	92	8	20.96	6.5
S795	外国经济与管理	1862	2.562	0.800	0.92	286	19	15.36	4.0
S314	外国文学	246	0.175	0.030	0.90	78	11	31.71	7.9
S315	外国文学评论	142	0.122	0.024	0.83	50	9	35.21	13.6
S316	外国文学研究	208	0.198	0.045	0.87	59	9	28.37	9.9
S317	外国语	480	0.573	0.236	0.76	70	5	14.58	6.2
S318	外国语文	272	0.258	0.036	0.61	56	3	20.59	5.4
S320	外交评论	471	1.877	0.194	0.84	123	7	26.11	5.8
S697	外语教学	531	0.662	0.263	0.79	74	4	13.94	4.8
S698	外语教学与研究	585	0.594	0.128	0.80	75	6	12.82	8.0
S323	外语界	411	0.768	0.342	0.62	48	3	11.68	4.3
S699	外语与外语教学	499	0.552	0.370	0.70	71	4	14.23	7.0
S973	文史哲	522	0.416	0.122	0.93	180	30	34.48	11.6
S811	文物	1807	0.203	0.152	0.94	158	9	8.74	32.2
A906	文物保护与考古科学	540	0.383	0.000	0.61	117	4	21.67	7.7
S327	文学评论	957	0.509	0.109	0.94	129	12	13.48	9.7
S328	文学遗产	488	0.379	0.036	0.82	87	8	17.83	9.7
S329	文艺理论研究	353	0.248	0.015	0.91	101	17	28.61	6.4
S330	文艺理论与批评	216	0.282	0.043	0.89	67	10	31.02	5.0
S331	文艺评论	64	0.043	0.035	0.77	35	6	54.69	9.5
S332	文艺研究	813	0.400	0.079	0.96	152	18	18.70	9.2
S333	文艺争鸣	533	0.100	0.011	0.78	107	8	20.08	8.3
S334	武汉大学学报哲学社会科学版	919	1.280	0.475	0.97	347	70	37.76	4.7
S887	武汉体育学院学报	1194	1.480	0.389	0.69	142	4	11.89	3.7
C509	物理与工程	260	0.289	0.031	0.40	73	1	28.08	3.8
S336	西安交通大学学报社会科学版	891	1.984	0.584	0.94	357	63	40.07	3.1
S881	西安体育学院学报	592	1.332	0.500	0.74	96	4	16.22	3.1
S576	西安外国语大学学报	213	0.382	0.099	0.81	46	2	21.60	3.8
S975	西北大学学报哲学社会科学版	501	0.902	0.194	0.93	251	58	50.10	3.9
S150	西北农林科技大学学报社会科学版	988	1.798	0.485	0.93	282	31	28.54	3.6

表4-1　2023年社会科学领域中国科技核心期刊被引用指标刊名字顺索引（续）

CODE	刊名	核心总被引频次	核心影响因子	核心即年指标	核心他引率	核心引用刊数	核心开放因子	核心扩散因子	核心被引半衰期
S340	西南大学学报社会科学版	883	1.151	0.708	0.81	299	35	33.86	3.3
S341	西南民族大学学报人文社科版	1393	0.799	0.181	0.90	417	56	29.94	3.5
S342	戏剧-中央戏剧学院学报	100	0.162	0.000	0.61	35	4	35.00	7.8
S978	厦门大学学报哲学社会科学版	546	0.661	0.136	0.96	259	59	47.44	6.1
S343	现代财经-天津财经大学学报	695	2.050	0.763	0.91	196	27	28.20	2.6
S906	现代传播	1128	0.560	0.082	0.84	233	18	20.66	4.4
S588	现代电影技术	219	0.357	0.181	0.32	20	1	9.13	3.0
S630	现代法学	1323	1.909	0.628	0.96	178	16	13.45	5.0
S309	现代情报	1997	1.673	0.449	0.89	369	9	18.48	3.8
S346	湘潭大学学报哲学社会科学版	459	0.384	0.117	0.94	244	58	53.16	4.1
S836	消费经济	430	1.510	0.532	0.84	156	23	36.28	3.5
S348	小说评论	254	0.206	0.150	0.76	37	3	14.57	4.9
S700	心理发展与教育	1311	1.030	0.289	0.83	194	8	14.80	6.9
S349	新疆师范大学学报哲学社会科学版	803	2.132	2.182	0.93	320	56	39.85	2.0
S350	新视野	318	0.524	0.239	0.92	178	38	55.97	3.7
S351	新文学史料	243	0.049	0.022	0.84	44	4	18.11	31.3
S907	新闻大学	477	0.711	0.079	0.86	135	9	28.30	4.4
S909	新闻与传播研究	822	1.206	0.094	0.84	171	7	20.80	5.2
S582	刑事技术	523	0.620	0.092	0.63	78	3	14.91	4.7
S201	行政论坛	840	1.370	0.269	0.91	242	32	28.81	3.7
S354	学海	863	0.862	0.409	0.94	267	42	30.94	4.9
S703	学前教育研究	684	0.799	0.197	0.45	87	1	12.72	4.6
S981	学术研究	1064	0.528	0.107	0.95	369	73	34.68	5.8
S982	学术月刊	1731	1.035	0.191	0.94	388	64	22.41	5.2
S704	学位与研究生教育	837	0.971	0.182	0.57	117	3	13.98	4.1
S361	学习论坛	227	0.369	0.144	0.93	133	36	58.59	3.8
S983	学习与探索	1213	0.761	0.162	0.96	368	70	30.34	3.7
S363	学校党建与思想教育	597	0.209	0.072	0.69	149	7	24.96	2.9
S799	亚太经济	412	0.816	0.244	0.90	153	22	37.14	3.3
G865	医学信息学杂志	663	0.615	0.067	0.77	175	10	26.40	3.4
G308	医学与哲学	2323	0.811	0.125	0.76	426	13	18.34	4.9
S366	艺术百家	223	0.132	0.033	0.83	99	17	44.39	7.0
S367	音乐研究	314	0.232	0.064	0.78	30	4	9.55	16.6
S368	语言教学与研究	535	0.605	0.038	0.83	56	4	10.47	8.3
S369	语言文字应用	305	0.542	0.081	0.74	78	6	25.57	7.2
S370	语言研究	290	0.152	0.062	0.88	38	5	13.10	16.5
S372	云南财经大学学报	454	1.067	0.370	0.94	188	29	41.41	3.1
S374	云南民族大学学报哲学社会科学版	523	1.067	0.590	0.81	214	32	40.92	2.7
S922	哲学动态	507	0.276	0.074	0.94	184	29	36.29	6.7
S923	哲学研究	1286	0.894	0.252	0.96	261	34	20.30	7.4
S986	浙江大学学报人文社会科学版	695	0.534	0.045	0.96	337	80	48.49	8.3
S987	浙江社会科学	1220	0.915	0.217	0.96	366	68	30.00	4.6
G352	证据科学	304	0.539	0.196	0.54	50	2	16.45	6.2

表 4-1　2023年社会科学领域中国科技核心期刊被引用指标刊名字顺索引（续）

CODE	刊名	核心总被引频次	核心影响因子	核心即年指标	核心他引率	核心引用刊数	核心开放因子	核心扩散因子	核心被引半衰期
S659	证券市场导报	810	2.306	0.375	0.88	158	23	19.51	2.8
S619	政法论坛	1803	3.966	1.275	0.88	182	12	10.09	3.6
S382	政治学研究	1759	3.576	0.470	0.92	276	22	15.69	4.5
S383	政治与法律	1928	2.143	0.284	0.91	202	15	10.48	4.6
S384	职教论坛	627	0.522	0.174	0.77	86	2	13.72	3.4
S390	治理研究	704	2.458	0.366	0.96	248	44	35.23	2.9
Q468	智库理论与实践	300	0.821	0.111	0.54	58	2	19.33	2.8
S386	中共党史研究	441	0.571	0.034	0.71	120	10	27.21	6.7
S193	中共中央党校(国家行政学院)学报	984	1.094	0.160	0.97	311	55	31.61	6.1
S392	中国比较文学	192	0.219	0.012	0.91	62	10	32.29	9.5
S393	中国边疆史地研究	248	0.208	0.011	0.63	59	3	23.79	9.1
S304	中国大学教学	767	0.635	0.108	0.78	201	10	26.21	4.4
S396	中国党政干部论坛	222	0.137	0.047	1.00	150	42	67.57	3.8
S397	中国地方志	116	0.158	0.000	0.28	22	1	18.97	8.1
S398	中国地质大学学报社会科学版	655	1.277	0.500	0.89	276	47	42.14	4.6
J076	中国发明与专利	271	0.353	0.073	0.71	106	8	39.11	3.9
S633	中国法学	3922	5.506	1.167	0.95	265	15	6.76	5.8
S400	中国翻译	886	0.535	0.068	0.71	77	3	8.69	7.7
S401	中国改革	20	0.011	0.010	1.00	20	10	100.00	15.5
S664	中国高教研究	1835	1.522	0.397	0.87	246	9	13.41	4.0
S800	中国工业经济	14398	14.781	2.250	0.97	455	38	3.16	4.6
S404	中国海商法研究	84	0.448	0.053	0.60	35	3	41.67	3.2
S823	中国科技翻译	126	0.135	0.043	0.66	29	3	23.02	7.3
A583	中国科技期刊研究	1937	1.707	0.452	0.51	164	2	8.47	3.7
S133	中国科技资源导刊	193	0.477	0.057	0.78	71	6	36.79	3.7
S410	中国劳动	95	0.296	0.000	0.79	55	10	57.89	6.3
S618	中国历史地理论丛	301	0.209	0.048	0.82	94	9	31.23	13.7
S838	中国流通经济	960	1.545	0.524	0.88	289	34	30.10	3.0
S414	中国穆斯林	51	0.066	0.000	0.35	10	1	19.61	6.1
S803	中国农村观察	1528	3.418	0.839	0.93	295	24	19.31	5.1
S804	中国农村经济	4958	7.342	1.312	0.93	418	29	8.43	4.4
H221	中国农业资源与区划	3980	2.142	0.707	0.85	468	30	11.76	3.5
S417	中国青年社会科学	313	0.609	0.171	0.83	111	10	35.46	3.6
S416	中国青年研究	1387	1.519	0.329	0.75	268	12	19.32	3.9
S874	中国人口科学	1607	3.919	0.365	0.95	322	44	20.04	5.1
S419	中国人力资源开发	984	1.480	0.412	0.71	202	11	20.53	4.2
S990	中国人民大学学报	1154	1.126	0.204	0.99	383	81	33.19	6.1
S875	中国社会科学	8626	6.445	1.260	0.99	541	76	6.27	7.2
S587	中国司法鉴定	360	0.353	0.078	0.63	79	3	21.94	6.3
S714	中国特殊教育	1468	1.318	0.840	0.41	156	1	10.63	4.7
S888	中国体育科技	1005	0.901	0.169	0.80	212	8	21.09	4.2
S902	中国图书馆学报	2037	5.274	1.686	0.91	183	7	8.98	4.4
S426	中国文化研究	130	0.188	0.016	0.94	71	18	54.62	7.0

表 4-1　2023 年社会科学领域中国科技核心期刊被引用指标刊名字顺索引（续）

CODE	刊名	核心总被引频次	核心影响因子	核心即年指标	核心他引率	核心引用刊数	核心开放因子	核心扩散因子	核心被引半衰期
S427	中国现代文学研究丛刊	571	0.288	0.059	0.74	76	5	13.31	7.0
S428	中国刑事法杂志	1069	3.667	0.633	0.88	98	9	9.17	3.5
S405	中国行政管理	4044	1.873	0.412	0.85	451	36	11.15	4.8
G911	中国医学伦理学	1221	0.833	0.232	0.73	214	8	17.53	3.7
S429	中国音乐	240	0.109	0.045	0.75	32	3	13.33	9.7
S430	中国音乐学	282	0.250	0.016	0.79	24	3	8.51	14.3
S715	中国语文	978	0.384	0.045	0.83	66	4	6.75	20.7
G131	中国运动医学杂志	1059	0.865	0.205	0.93	294	35	27.76	5.4
S432	中国职业技术教育	1096	0.490	0.128	0.52	106	2	9.67	3.0
S807	中国资产评估	190	0.353	0.099	0.32	38	1	20.00	3.0
S434	中国宗教	93	0.039	0.009	1.00	24	3	25.81	5.3
S435	中华文化论坛	159	0.171	0.042	0.75	85	16	53.46	8.9
S992	中南财经政法大学学报	851	1.828	0.875	0.93	233	33	27.38	3.7
S993	中南民族大学学报人文社会科学版	680	0.544	0.151	0.84	250	24	36.76	3.5
S994	中山大学学报社会科学版	563	0.466	0.119	0.95	249	55	44.23	7.6
S634	中外法学	2023	3.251	0.750	0.95	196	13	9.69	4.9
S440	中央财经大学学报	839	0.976	0.237	0.92	250	39	29.80	4.2
S441	中央音乐学院学报	258	0.320	0.075	0.82	24	3	9.30	13.3
S996	中州学刊	1169	0.704	0.263	0.94	372	65	31.82	3.7
S444	装饰	438	0.201	0.017	0.68	128	5	29.22	5.3
S728	资源开发与市场	1068	0.813	0.199	0.91	344	39	32.21	5.3
S446	资源与产业	520	1.145	0.120	0.67	191	13	36.73	4.2
A908	自然辩证法通讯	582	0.369	0.113	0.90	229	25	39.35	5.1
S926	自然辩证法研究	968	0.442	0.085	0.83	303	29	31.30	6.9
S448	宗教学研究	188	0.036	0.000	0.73	47	3	25.00	10.3

4.2 期刊来源指标刊名字顺排序

表 4-2 2023 年社会科学领域中国科技核心期刊来源指标刊名字顺索引

CODE	刊名	来源文献量	文献选出率	AR论文量	平均引文数	平均作者数	地区分布数	机构分布数	海外论文比	基金论文比	引用半衰期
S929	北京大学学报哲学社会科学版	96	0.86	96	55.2	1.1	14	41	0.07	0.42	88.5
S153	北京电影学院学报	150	0.83	150	42.7	1.5	17	71	0.11	0.38	23.0
S148	北京工业大学学报社会科学版	68	0.97	68	40.4	1.6	12	31	0.00	0.78	6.6
S997	北京航空航天大学学报社会科学版	146	0.91	130	29.2	1.7	21	70	0.01	0.83	7.0
S930	北京师范大学学报社会科学版	92	0.97	92	40.0	1.5	15	33	0.00	0.76	21.8
S877	北京体育大学学报	166	0.97	166	35.9	2.4	25	71	0.03	0.87	5.8
S156	北京行政学院学报	79	0.99	79	32.3	1.9	12	41	0.00	0.71	6.8
S695	比较教育学报	78	0.93	78	42.3	2.1	14	37	0.03	0.74	5.2
S666	比较教育研究	142	0.99	132	29.6	1.8	20	63	0.04	0.59	4.6
A570	编辑学报	140	0.73	134	17.5	3.3	21	113	0.00	0.27	3.0
S731	财经科学	128	0.88	123	38.0	2.4	21	68	0.02	0.73	6.5
S647	财经理论与实践	120	1.00	120	30.8	2.4	22	67	0.01	0.97	6.2
S147	财经论丛	120	0.99	120	34.7	2.5	23	84	0.00	0.89	7.0
S732	财经问题研究	117	0.92	117	35.3	2.2	15	58	0.01	0.79	6.2
S733	财经研究	132	0.99	132	44.7	2.7	22	62	0.01	0.93	8.1
S734	财贸经济	127	0.94	125	39.9	2.5	18	51	0.02	0.80	9.3
S735	财政研究	109	0.98	101	34.1	2.4	17	40	0.00	0.71	7.1
S159	产业经济研究	59	0.89	59	50.1	2.5	19	43	0.02	0.93	5.0
S889	成都体育学院学报	120	0.99	120	23.9	2.7	20	68	0.03	0.75	8.1
S736	城市发展研究	272	0.84	271	26.7	3.1	21	122	0.04	0.67	6.7
S737	城市问题	121	0.91	117	38.2	2.4	23	70	0.01	0.85	5.3
S443	重庆大学学报社会科学版	128	0.97	128	42.4	1.8	24	67	0.00	0.81	8.6
S892	大学图书馆学报	95	0.92	95	27.0	2.6	17	41	0.02	0.26	5.8
S738	当代财经	144	0.92	144	29.3	2.3	23	80	0.01	0.97	5.6
S160	当代电影	281	0.79	271	22.1	1.2	18	89	0.03	0.33	19.3
S739	当代经济科学	60	0.92	60	34.3	2.7	14	36	0.02	0.88	8.4
S740	当代经济研究	143	0.84	132	25.6	1.7	24	83	0.01	0.73	8.9
S161	当代青年研究	61	0.90	61	36.0	1.5	17	46	0.03	0.52	7.6
S162	当代外国文学	91	0.87	85	17.5	1.4	21	64	0.02	0.54	16.9
S164	当代亚太	31	0.70	31	109.6	1.5	8	20	0.71	0.71	11.7
S165	当代语言学	51	0.89	51	50.8	1.5	17	37	0.04	0.65	21.9
S166	当代作家评论	175	0.91	169	15.1	1.2	24	90	0.00	0.37	13.3
S167	党的文献	112	0.88	96	36.5	1.3	18	60	0.00	0.24	78.5
S597	党政研究	72	0.86	72	26.8	1.7	20	51	0.00	0.90	6.4
S608	档案学通讯	75	0.93	75	30.9	2.3	17	38	0.00	0.56	5.5

表 4-2 2023 年社会科学领域中国科技核心期刊来源指标刊名字顺索引（续）

CODE	刊名	来源文献量	文献选出率	AR论文量	平均引文数	平均作者数	地区分布数	机构分布数	海外论文比	基金论文比	引用半衰期
S609	档案学研究	110	0.92	110	28.8	2.2	23	50	0.01	0.73	4.2
S169	电影艺术	128	0.90	121	25.4	1.3	17	63	0.05	0.36	13.9
S170	东北大学学报社会科学版	98	0.97	98	27.8	1.7	17	43	0.00	0.81	8.1
S171	东北亚论坛	52	0.80	52	45.4	1.6	12	30	0.00	0.73	2.8
S172	东南大学学报哲学社会科学版	85	0.85	85	44.0	1.7	14	51	0.01	0.81	13.4
S173	东南文化	116	0.85	116	34.0	1.5	17	56	0.01	0.33	16.3
S174	东南学术	140	0.95	140	32.9	1.6	18	68	0.02	0.63	12.0
S175	敦煌学辑刊	72	0.92	72	55.4	1.4	12	35	0.00	0.71	40.8
S176	敦煌研究	104	0.85	101	36.5	1.7	14	44	0.07	0.62	26.6
S177	俄罗斯文艺	54	0.92	54	23.2	1.3	15	37	0.13	0.63	23.4
S621	法律科学－西北政法大学学报	94	0.97	94	71.5	1.0	18	42	0.00	0.71	9.3
S622	法商研究	84	0.92	84	55.3	1.0	17	47	0.00	0.79	8.4
S623	法学	146	0.90	146	72.8	1.0	19	67	0.01	0.64	12.0
S624	法学家	78	0.88	78	84.8	1.0	16	40	0.03	0.59	24.0
S178	法学论坛	85	0.99	85	55.3	1.2	17	44	0.00	0.60	7.7
S625	法学评论	103	0.94	103	61.7	1.1	16	48	0.02	0.64	15.4
S626	法学研究	73	0.97	73	102.4	1.0	14	32	0.00	0.56	27.4
S319	法学杂志	64	0.85	64	55.8	1.2	13	36	0.00	0.63	9.7
S627	法制与社会发展	72	0.85	72	82.3	1.0	14	29	0.00	0.71	8.1
S179	方言	52	0.87	52	28.5	1.2	17	39	0.04	0.65	22.3
S933	福建师范大学学报哲学社会科学版	92	0.94	92	41.8	1.6	16	39	0.00	0.86	7.7
S852	妇女研究论丛	56	0.85	56	50.0	1.7	10	32	0.09	0.36	14.2
S934	复旦学报社会科学版	101	0.89	101	56.2	1.4	11	36	0.05	0.52	45.1
S743	改革	131	0.79	131	29.3	2.2	16	67	0.01	0.79	4.5
S181	甘肃政法大学学报	63	0.97	63	77.6	1.1	16	31	0.00	0.56	11.4
S668	高等工程教育研究	183	0.98	183	18.3	2.7	22	95	0.01	0.69	5.2
S669	高等教育研究	141	0.93	124	31.6	1.7	19	49	0.01	0.60	13.7
S822	工程管理科技前沿	72	1.00	72	27.6	3.0	18	52	0.00	0.93	5.9
J067	工业技术经济	200	0.93	198	28.0	2.5	27	94	0.01	0.81	4.2
S183	公共行政评论	65	0.83	62	44.3	2.2	20	46	0.05	0.83	9.0
S184	古汉语研究	42	0.88	42	38.5	1.3	16	33	0.00	0.81	24.2
S185	古籍整理研究学刊	95	0.88	86	46.6	1.2	25	71	0.00	0.53	100.0
S188	广东财经大学学报	47	0.65	43	40.3	2.3	13	25	0.00	0.85	6.3
S936	广西民族大学学报哲学社会科学版	116	0.91	116	39.1	1.4	19	60	0.05	0.60	15.7
S190	贵州财经大学学报	66	1.00	66	31.4	2.3	21	47	0.00	0.80	5.4
S746	国际金融研究	96	0.91	96	33.0	2.7	16	46	0.03	0.85	6.8
S747	国际经济合作	49	0.70	49	36.0	2.0	9	31	0.02	0.45	1.9
S831	国际经贸探索	84	0.99	84	40.5	2.2	20	50	0.01	0.82	6.6
S750	国际贸易问题	119	0.92	119	45.0	2.5	20	58	0.00	0.88	7.8
S192	国际商务－对外经济贸易大学学报	51	0.96	51	45.2	2.3	18	42	0.01	0.88	7.6
S751	国际商务研究	48	1.00	48	33.3	1.9	17	38	0.00	0.73	6.4
L042	国际石油经济	156	0.82	146	12.0	3.0	13	60	0.04	0.03	2.8
S194	国家检察官学院学报	62	1.00	62	58.4	1.3	13	34	0.00	0.52	12.5

表 4-2　2023 年社会科学领域中国科技核心期刊来源指标刊名字顺索引（续）

CODE	刊名	来源文献量	文献选出率	AR论文量	平均引文数	平均作者数	地区分布数	机构分布数	海外论文比	基金论文比	引用半衰期
S195	国家教育行政学院学报	131	0.95	129	20.4	1.8	19	78	0.00	0.60	4.2
S197	国家图书馆学刊	59	0.76	59	38.7	2.0	18	44	0.00	0.53	3.5
S200	汉语学习	66	1.00	66	29.5	1.6	18	48	0.03	0.73	16.5
S204	河北师范大学学报教育科学版	107	0.90	106	25.2	1.7	21	69	0.01	0.71	7.9
S272	河海大学学报哲学社会科学版	78	0.85	78	34.8	1.9	16	47	0.01	0.91	5.5
S205	河南大学学报社会科学版	139	0.93	139	30.7	1.4	22	68	0.01	0.73	14.8
S206	红楼梦学刊	127	0.87	122	17.7	1.2	25	74	0.02	0.20	21.7
S209	湖南大学学报社会科学版	122	0.95	122	26.1	2.0	18	48	0.00	0.83	9.5
S210	湖南科技大学学报社会科学版	137	0.94	137	35.4	1.6	20	73	0.00	0.81	10.5
S211	湖南社会科学	125	0.94	125	23.1	1.4	22	86	0.00	0.69	6.9
S212	湖南师范大学教育科学学报	93	0.93	86	30.8	1.8	17	47	0.00	0.73	7.8
S213	湖南师范大学社会科学学报	102	0.99	102	31.1	1.5	17	58	0.00	0.85	11.8
S673	华东师范大学学报教育科学版	129	0.98	129	42.6	2.4	17	48	0.06	0.67	7.8
S939	华东师范大学学报哲学社会科学版	87	0.93	87	42.7	1.5	14	41	0.01	0.77	18.0
S214	华东政法大学学报	83	0.97	83	72.8	1.1	13	41	0.00	0.59	11.2
S940	华南师范大学学报社会科学版	91	0.85	91	44.8	1.9	17	52	0.02	0.73	12.9
S215	华侨华人历史研究	37	0.86	37	55.6	1.5	13	26	0.03	0.68	26.2
S941	华中师范大学学报人文社会科学版	125	0.91	121	42.5	1.2	20	51	0.01	0.72	32.6
S216	黄钟 – 武汉音乐学院学报	62	0.85	60	36.0	1.3	19	33	0.18	0.35	46.4
S942	吉林大学社会科学学报	106	0.89	105	42.8	1.7	20	45	0.02	0.82	14.6
S998	计量经济学报	55	0.98	55	46.4	3.0	16	38	0.09	0.91	7.6
S718	技术经济	179	0.92	170	44.3	2.8	25	115	0.06	0.79	4.3
S719	技术经济与管理研究	264	1.00	264	20.2	1.8	30	180	0.04	0.79	3.2
S832	价格理论与实践	484	0.88	476	20.2	2.4	30	275	0.01	0.54	4.0
S944	江海学刊	162	0.78	161	40.0	1.4	20	83	0.03	0.59	37.9
S674	江苏高教	220	0.97	210	19.2	1.7	22	107	0.01	0.60	5.9
S854	江苏社会科学	153	0.92	153	37.1	1.5	14	69	0.00	0.73	11.4
S219	江苏行政学院学报	97	0.88	97	21.4	1.7	18	53	0.00	0.75	9.5
S220	江西财经大学学报	70	0.91	70	30.7	2.0	19	46	0.01	0.89	5.8
S946	江西社会科学	235	0.87	235	28.4	1.5	25	114	0.02	0.65	12.3
S221	交响 – 西安音乐学院学报	95	0.96	94	17.6	1.2	18	43	0.01	0.31	19.8
S222	教师教育研究	103	1.00	103	24.6	2.3	22	45	0.03	0.73	7.4
S675	教学与研究	133	0.90	133	33.0	1.5	21	61	0.01	0.66	8.8
S223	教育财会研究	82	0.98	82	8.8	2.3	22	72	0.00	0.18	4.0
S676	教育发展研究	222	0.69	221	29.4	2.0	21	86	0.03	0.73	7.1
S677	教育科学	81	0.98	80	24.0	1.9	23	42	0.01	0.88	7.5
S415	教育生物学杂志	77	0.82	77	34.7	3.9	17	51	0.01	0.62	7.6
S224	教育学报	95	0.98	95	30.5	1.8	21	49	0.04	0.61	12.9
S681	教育研究	166	0.93	163	36.8	1.7	21	60	0.01	0.52	10.0
S682	教育研究与实验	85	0.94	85	26.2	1.9	19	41	0.01	0.59	10.4
S683	教育与经济	63	0.94	62	31.4	2.1	21	49	0.00	0.71	8.0
S225	解放军外国语学院学报	114	0.90	114	28.1	1.8	23	76	0.01	0.64	14.7
S226	金融经济学研究	59	0.97	59	38.2	2.6	16	46	0.03	0.97	6.6

表 4-2　2023 年社会科学领域中国科技核心期刊来源指标刊名字顺索引（续）

CODE	刊名	来源文献量	文献选出率	AR论文量	平均引文数	平均作者数	地区分布数	机构分布数	海外论文比	基金论文比	引用半衰期
S652	金融理论与实践	121	0.89	121	37.3	2.5	26	96	0.02	0.75	4.7
S227	金融论坛	85	0.87	85	37.2	2.6	18	60	0.01	0.78	6.5
S228	近代史研究	68	0.88	68	99.8	1.0	16	39	0.04	0.46	100.0
S759	经济管理	125	0.98	125	58.0	2.6	20	67	0.02	0.93	7.1
S760	经济经纬	85	0.96	85	36.1	2.2	20	58	0.00	0.91	5.2
S761	经济科学	74	0.86	74	48.2	2.8	13	40	0.03	0.85	11.3
S762	经济理论与经济管理	93	0.85	92	37.7	2.6	16	42	0.03	0.76	8.7
S764	经济评论	59	0.91	59	39.4	2.6	16	36	0.00	0.93	8.4
S765	经济社会体制比较	108	0.94	108	36.5	1.9	19	61	0.01	0.70	8.9
S767	经济体制改革	129	0.95	129	20.9	2.1	22	89	0.00	0.84	3.9
S768	经济问题	184	0.99	184	27.7	2.2	27	109	0.03	0.76	5.0
S769	经济问题探索	141	1.00	141	37.7	2.4	18	74	0.01	0.84	5.2
S229	经济学	138	0.95	138	45.5	2.7	18	55	0.06	0.90	11.9
S282	经济学报	48	0.94	48	51.2	2.4	14	36	0.04	0.71	10.7
S721	经济学动态	115	0.93	113	62.9	2.3	18	61	0.00	0.74	7.4
S771	经济学家	150	0.90	143	27.3	2.0	23	88	0.01	0.77	5.3
S772	经济研究	146	0.92	146	50.3	2.7	17	48	0.01	0.78	9.9
S230	经济与管理评论	70	1.00	70	27.8	2.4	16	42	0.00	0.84	5.8
S773	经济与管理研究	93	0.99	93	52.9	2.7	18	55	0.00	0.90	5.4
S774	经济纵横	158	0.87	158	24.8	2.0	21	77	0.01	0.61	5.5
S094	竞争情报	46	0.74	39	17.3	2.1	12	31	0.02	0.26	4.7
S232	军事运筹与评估	75	0.90	75	12.6	3.1	13	33	0.00	0.20	6.3
S233	开放教育研究	71	0.85	71	35.5	3.0	17	34	0.03	0.75	3.8
S234	开放时代	84	0.81	84	58.7	1.3	18	43	0.04	0.45	29.0
S155	开放学习研究	41	0.91	41	33.0	3.0	14	25	0.05	0.63	5.1
S235	抗日战争研究	50	0.81	49	76.6	1.1	16	26	0.00	0.30	100.0
S808	考古	97	0.87	97	35.6	2.1	16	27	0.00	0.51	24.8
S809	考古学报	17	0.85	17	61.2	2.0	8	9	0.00	0.41	22.0
S810	考古与文物	78	0.91	78	36.2	1.8	12	26	0.00	0.45	27.6
W027	科技与法律中英文版	88	0.98	88	37.9	1.6	17	50	0.00	0.66	7.2
A223	科普研究	78	0.88	69	21.5	3.0	11	40	0.00	0.36	4.4
S236	课程·教材·教法	261	0.90	249	16.5	1.7	26	98	0.01	0.61	6.7
S947	兰州大学学报社会科学版	82	0.99	82	35.2	1.7	21	44	0.01	0.78	9.2
S237	理论探讨	129	0.95	129	20.8	1.7	23	79	0.00	0.94	6.6
S238	理论与改革	75	0.85	75	31.5	1.4	18	46	0.00	0.83	6.2
S239	历史教学问题	158	0.95	156	48.8	1.2	24	98	0.01	0.39	64.1
S240	历史研究	70	0.85	70	112.7	1.2	16	37	0.00	0.46	67.9
S242	林业经济问题	71	1.00	71	36.4	3.5	14	26	0.00	0.89	3.9
S243	鲁迅研究月刊	137	0.83	130	24.9	1.2	13	40	0.07	0.42	86.3
S245	旅游科学	54	0.98	54	59.8	3.1	20	40	0.06	0.91	7.0
S616	旅游学刊	206	0.93	143	41.9	2.7	25	99	0.06	0.64	8.7
S244	伦理学研究	110	0.97	108	17.1	1.2	23	70	0.00	0.75	14.2
S246	马克思主义研究	180	0.85	162	39.9	1.0	28	94	0.00	0.57	7.4

表 4-2 2023 年社会科学领域中国科技核心期刊来源指标刊名字顺索引（续）

CODE	刊名	来源文献量	文献选出率	AR论文量	平均引文数	平均作者数	地区分布数	机构分布数	海外论文比	基金论文比	引用半衰期
S247	马克思主义与现实	144	0.88	140	35.6	1.4	17	58	0.03	0.58	100.0
S637	煤炭经济研究	173	0.91	173	19.0	2.4	20	90	0.00	0.42	3.4
S248	美术研究	116	0.78	98	26.7	1.2	15	48	0.02	0.26	32.6
S249	民族教育研究	130	0.94	128	25.0	2.2	21	57	0.02	0.78	4.4
S251	民族文学研究	98	1.00	98	55.3	1.2	27	63	0.01	0.66	65.0
S252	民族研究	68	0.91	62	62.8	1.5	19	42	0.01	0.65	33.8
S253	民族艺术	82	0.65	82	42.9	1.6	15	46	0.02	0.56	17.8
S254	明清小说研究	65	0.97	65	24.3	1.2	19	44	0.02	0.68	26.3
S255	南方文坛	169	0.88	150	13.3	1.2	20	87	0.03	0.25	15.3
S950	南京大学学报哲学·人文科学·社会科学	82	0.81	77	44.5	1.2	15	41	0.00	0.70	25.1
S858	南京社会科学	192	0.92	192	29.8	1.5	18	89	0.02	0.73	6.9
S777	南开经济研究	129	0.98	129	50.8	2.5	19	52	0.00	0.86	8.4
S953	南开学报哲学社会科学版	103	0.97	101	57.2	1.5	19	42	0.00	0.77	28.1
S839	农村经济	176	0.94	175	23.4	2.2	24	95	0.01	0.85	5.0
S778	农业技术经济	103	0.84	103	43.7	2.7	21	58	0.00	0.84	7.7
S779	农业经济问题	131	0.86	131	42.2	2.5	21	59	0.01	0.83	6.0
Q438	农业图书情报学报	115	0.93	106	28.7	2.7	20	66	0.01	0.64	3.6
S639	企业经济	179	0.90	179	29.8	2.0	24	121	0.00	0.92	4.6
S258	青年探索	61	0.84	59	26.5	1.8	15	44	0.00	0.54	7.3
S259	青年研究	45	0.82	45	46.5	2.1	16	36	0.04	0.60	9.1
S260	青少年犯罪问题	73	0.87	73	45.6	1.6	14	45	0.01	0.30	7.1
S687	清华大学教育研究	91	1.00	90	38.5	2.1	20	52	0.05	0.65	12.4
S955	清华大学学报哲学社会科学版	96	0.94	96	80.5	1.2	18	55	0.00	0.56	88.9
S844	情报工程	60	0.97	60	27.5	2.7	19	51	0.02	0.63	5.5
S846	情报科学	264	0.96	257	34.8	2.8	21	105	0.00	0.73	4.8
S847	情报理论与实践	292	0.88	288	33.2	3.1	24	109	0.00	0.79	4.4
W020	情报学报	119	0.91	119	49.6	3.5	19	49	0.03	0.96	5.9
S848	情报杂志	335	0.99	335	28.5	2.4	26	140	0.01	0.65	4.2
S849	情报资料工作	67	0.89	65	38.6	2.7	19	34	0.00	0.73	4.4
S261	求实	47	0.76	47	30.9	1.7	17	32	0.00	0.38	6.3
S956	求是	298	0.63	219	0.0	1.2	25	85	0.00	0.00	0.0
S958	求索	127	0.95	127	31.7	1.1	21	62	0.00	0.94	11.2
S688	全球教育展望	117	0.93	117	27.1	2.0	18	57	0.06	0.66	8.7
S106	全球科技经济瞭望	106	0.99	106	21.5	2.7	13	41	0.00	0.40	1.8
S860	人口研究	52	0.91	52	25.0	2.5	9	22	0.02	0.77	10.3
S862	人口与经济	62	0.98	59	32.7	2.0	20	45	0.03	0.79	9.1
S628	人民检察	435	0.65	233	7.6	1.9	27	202	0.00	0.05	4.1
S263	人民音乐	216	0.80	207	8.9	1.2	26	86	0.02	0.31	29.0
S617	人文地理	123	0.92	122	46.8	3.3	20	61	0.02	0.97	7.4
S819	软科学	222	0.95	222	31.2	2.7	25	113	0.01	0.91	5.8
S264	山东大学学报哲学社会科学版	96	0.93	96	45.4	1.9	17	48	0.02	0.73	8.3
S961	山西财经大学学报	106	0.91	106	41.2	2.3	20	50	0.01	0.86	4.8
S964	陕西师范大学学报哲学社会科学版	90	0.93	90	32.8	1.7	14	46	0.02	0.76	8.0

表 4-2 2023年社会科学领域中国科技核心期刊来源指标刊名字顺索引（续）

CODE	刊名	来源文献量	文献选出率	AR论文量	平均引文数	平均作者数	地区分布数	机构分布数	海外论文比	基金论文比	引用半衰期
S834	商业经济与管理	80	0.86	80	50.7	2.3	22	53	0.01	0.94	7.6
S835	商业研究	94	0.97	94	27.0	2.2	22	65	0.00	0.83	5.5
S265	上海财经大学学报哲学社会科学版	60	1.00	60	52.9	2.1	16	41	0.00	0.93	5.6
S965	上海大学学报社会科学版	64	0.93	64	34.0	1.6	13	45	0.03	0.69	10.3
S266	上海翻译	98	0.88	98	25.9	1.5	23	77	0.01	0.82	11.4
S268	上海金融	71	0.76	71	39.4	2.1	18	52	0.01	0.62	7.7
S781	上海经济研究	113	0.90	113	47.0	2.0	15	47	0.00	0.67	8.8
S269	上海师范大学学报哲学社会科学版	91	0.99	91	47.2	1.2	15	52	0.03	0.60	53.2
S883	上海体育学院学报	107	0.92	107	48.7	3.0	16	55	0.02	0.82	8.3
S267	上海行政学院学报	52	0.90	52	35.9	1.8	14	34	0.00	0.81	7.7
S270	社会	49	0.89	49	77.1	1.3	11	27	0.10	0.41	18.8
S271	社会保障研究	53	0.90	53	41.3	2.3	15	33	0.04	0.85	6.0
S863	社会科学	188	0.90	188	65.5	1.4	18	56	0.01	0.66	21.0
SA01	社会科学家	283	0.95	283	19.2	1.6	28	170	0.04	0.84	7.7
S865	社会科学研究	129	0.98	129	55.1	1.5	18	70	0.01	0.70	28.4
S866	社会科学战线	344	0.87	344	45.0	1.5	28	126	0.01	0.68	18.3
S867	社会学研究	60	0.86	60	61.5	1.8	13	34	0.07	0.62	12.8
S276	社会主义研究	125	0.95	125	35.8	1.5	22	81	0.00	0.80	9.6
S890	沈阳体育学院学报	116	1.00	116	25.2	2.8	19	60	0.03	0.94	3.5
S782	审计研究	86	0.91	86	19.8	2.5	21	56	0.00	0.80	5.2
S784	生态经济	363	0.94	360	27.1	2.9	31	215	0.03	0.75	5.7
S278	史学月刊	155	0.92	155	71.3	1.2	22	64	0.02	0.45	100.0
S691	世界汉语教学	54	0.87	39	29.4	1.7	10	39	0.22	0.50	18.3
S785	世界经济	106	0.90	106	61.7	2.8	16	50	0.01	0.91	10.4
S787	世界经济研究	109	0.82	109	47.7	2.3	22	64	0.02	0.84	6.6
S788	世界经济与政治	72	0.80	72	115.6	1.5	11	27	0.01	0.54	11.2
S789	世界经济与政治论坛	46	0.85	46	67.9	1.7	12	36	0.02	0.76	4.9
A201	世界科技研究与发展	66	0.72	66	34.3	3.7	15	43	0.00	0.71	3.9
S285	世界民族	58	0.94	58	71.7	1.4	18	31	0.00	0.76	19.3
S286	世界宗教文化	144	0.89	144	36.1	1.2	20	65	0.00	0.51	28.6
S287	世界宗教研究	155	0.91	147	53.4	1.3	22	64	0.05	0.52	100.0
S850	数据分析与知识发现	156	0.81	156	38.5	3.5	24	79	0.01	0.88	5.8
S790	数量经济技术经济研究	120	0.93	120	61.1	2.8	18	52	0.03	0.93	7.8
B523	数学教育学报	94	0.98	91	31.6	2.6	22	50	0.06	0.81	6.7
W022	数字图书馆论坛	108	0.90	104	30.5	2.7	22	69	0.02	0.56	3.1
S656	税务与经济	80	0.99	80	19.6	2.0	20	50	0.04	0.79	5.9
S290	思想教育研究	265	0.94	252	15.7	1.6	27	116	0.00	0.78	6.7
S291	思想理论教育导刊	230	0.90	229	14.6	1.4	25	108	0.00	0.65	6.7
S292	思想战线	104	0.95	103	45.4	1.4	19	51	0.00	0.65	11.8
S967	四川大学学报哲学社会科学版	109	0.89	109	51.7	1.2	17	57	0.06	0.60	34.1
S294	苏州大学学报哲学社会科学版	108	0.99	107	42.6	1.6	17	56	0.01	0.81	11.1
S295	台湾研究	60	0.91	60	33.3	1.8	14	38	0.03	0.60	7.2
S296	台湾研究集刊	54	0.96	54	49.3	1.6	10	27	0.06	0.65	21.2

表 4-2 2023 年社会科学领域中国科技核心期刊来源指标刊名字顺索引（续）

CODE	刊名	来源文献量	文献选出率	AR论文量	平均引文数	平均作者数	地区分布数	机构分布数	海外论文比	基金论文比	引用半衰期
S297	探索	87	0.92	87	32.1	1.4	18	64	0.00	0.89	3.7
S880	体育学刊	119	1.00	118	24.2	2.7	24	72	0.02	0.80	5.6
S885	体育与科学	85	0.99	85	30.5	2.4	17	54	0.01	0.67	7.4
S886	天津体育学院学报	109	1.00	109	26.2	3.0	21	67	0.03	0.93	4.9
S793	统计研究	143	0.96	142	36.6	2.7	19	71	0.01	0.87	10.9
S293	统计与决策	806	0.97	805	15.5	2.5	30	331	0.01	0.82	4.6
S306	统计与信息论坛	112	0.99	112	30.7	2.6	26	74	0.04	0.94	5.3
S895	图书馆建设	109	0.87	105	31.3	2.3	19	56	0.01	0.63	3.9
S897	图书馆论坛	214	0.95	205	31.9	2.3	23	90	0.01	0.55	4.4
S308	图书馆学研究	125	0.99	125	32.2	2.4	23	75	0.00	0.78	3.1
S899	图书情报工作	322	0.88	320	44.0	3.1	25	95	0.00	0.71	4.2
S900	图书情报知识	95	0.92	88	38.4	2.8	14	42	0.04	0.56	4.5
S901	图书与情报	91	0.93	88	33.9	2.4	18	48	0.00	0.79	2.9
S694	外国教育研究	96	0.88	96	37.9	1.9	20	50	0.03	0.73	6.5
S795	外国经济与管理	110	0.97	110	42.1	2.7	21	68	0.03	0.89	6.2
S314	外国文学	99	0.99	99	25.1	1.0	19	56	0.00	0.67	20.7
S315	外国文学评论	41	0.87	41	81.3	1.0	11	26	0.10	0.51	46.5
S316	外国文学研究	88	0.90	86	25.4	1.1	19	54	0.00	0.70	21.5
S317	外国语	72	0.91	69	40.1	1.6	18	49	0.00	0.63	13.3
S318	外国语文	110	0.93	109	28.4	1.6	16	69	0.00	0.74	13.3
S320	外交评论	36	0.82	36	104.3	1.4	8	21	0.00	0.56	10.5
S697	外语教学	99	0.94	99	31.8	1.5	18	63	0.00	0.83	12.3
S698	外语教学与研究	86	0.90	82	27.6	1.7	18	49	0.00	0.70	14.3
S323	外语界	73	0.96	72	27.8	1.9	18	47	0.04	0.67	6.8
S699	外语与外语教学	81	0.92	81	35.3	1.8	17	47	0.07	0.80	11.4
S973	文史哲	74	0.90	74	92.4	1.0	15	34	0.01	0.59	100.0
S811	文物	79	0.77	78	28.1	1.9	13	28	0.00	0.32	31.9
A906	文物保护与考古科学	108	0.97	107	28.9	4.0	16	60	0.03	0.61	10.5
S327	文学评论	147	0.93	146	37.2	1.0	22	77	0.02	0.51	28.2
S328	文学遗产	111	0.86	108	48.3	1.0	18	54	0.03	0.56	86.8
S329	文艺理论研究	136	0.93	134	34.3	1.2	24	80	0.07	0.54	23.0
S330	文艺理论与批评	93	0.86	93	40.5	1.1	16	45	0.05	0.29	99.8
S331	文艺评论	86	0.93	86	20.1	1.2	21	57	0.00	0.58	15.6
S332	文艺研究	139	0.69	137	46.6	1.0	19	61	0.00	0.58	36.6
S333	文艺争鸣	365	0.92	330	21.6	1.3	24	122	0.02	0.33	20.1
S334	武汉大学学报哲学社会科学版	99	0.99	99	29.4	1.5	15	41	0.02	0.90	9.8
S887	武汉体育学院学报	144	0.97	144	30.0	3.0	23	79	0.01	0.90	5.8
C509	物理与工程	131	0.97	129	12.3	3.8	24	73	0.00	0.39	7.3
S336	西安交通大学学报社会科学版	89	0.93	89	33.8	2.3	17	45	0.00	0.90	5.9
S881	西安体育学院学报	78	1.00	78	40.3	3.0	16	47	0.04	0.97	4.3
S576	西安外国语大学学报	91	0.94	90	26.9	1.7	17	61	0.00	0.67	12.6
S975	西北大学学报哲学社会科学版	98	0.94	98	36.1	1.7	15	38	0.01	0.83	11.1
S150	西北农林科技大学学报社会科学版	99	0.94	99	30.3	2.3	19	49	0.01	0.91	5.0

表 4-2　2023 年社会科学领域中国科技核心期刊来源指标刊名字顺索引（续）

CODE	刊名	来源文献量	文献选出率	AR论文量	平均引文数	平均作者数	地区分布数	机构分布数	海外论文比	基金论文比	引用半衰期
S340	西南大学学报社会科学版	137	0.99	137	44.2	1.8	20	65	0.00	0.81	6.7
S341	西南民族大学学报人文社科版	326	1.00	326	33.4	1.6	29	160	0.01	0.81	7.6
S342	戏剧－中央戏剧学院学报	72	0.77	72	32.2	1.2	16	43	0.08	0.49	25.9
S978	厦门大学学报哲学社会科学版	88	0.97	88	56.4	1.6	17	38	0.00	0.84	20.9
S343	现代财经－天津财经大学学报	80	0.99	80	44.4	2.5	22	49	0.05	0.93	4.8
S906	现代传播	231	0.94	231	27.8	1.6	23	104	0.02	0.59	10.0
S588	现代电影技术	116	0.91	108	12.4	1.9	16	53	0.02	0.18	3.5
S630	现代法学	78	0.93	78	59.3	1.0	16	38	0.00	0.64	8.2
S309	现代情报	185	0.98	183	40.3	3.0	22	70	0.01	0.81	4.8
S346	湘潭大学学报哲学社会科学版	163	1.00	158	25.3	1.8	16	63	0.01	0.80	10.0
S836	消费经济	47	0.89	47	41.8	2.3	16	37	0.02	0.83	6.2
S348	小说评论	160	0.90	146	14.8	1.2	23	81	0.09	0.21	14.5
S700	心理发展与教育	97	1.00	97	56.0	4.0	23	55	0.01	0.82	10.6
S349	新疆师范大学学报哲学社会科学版	77	0.95	76	37.9	2.0	17	47	0.00	0.78	6.2
S350	新视野	92	0.99	92	23.4	1.7	20	51	0.01	0.70	9.1
S351	新文学史料	93	0.79	85	15.8	1.2	24	53	0.01	0.27	76.6
S907	新闻大学	101	0.77	101	43.7	2.0	19	51	0.03	0.59	10.2
S909	新闻与传播研究	85	0.77	85	67.8	2.0	15	51	0.02	0.78	13.2
S582	刑事技术	98	0.96	96	19.6	5.1	21	54	0.00	0.49	7.1
S201	行政论坛	108	0.91	108	33.9	1.7	22	69	0.00	0.93	6.7
S354	学海	132	0.94	132	36.8	1.3	20	69	0.00	0.69	11.9
S703	学前教育研究	122	0.81	122	33.7	2.0	23	88	0.04	0.85	8.7
S981	学术研究	262	0.85	261	38.8	1.6	25	91	0.02	0.65	36.8
S982	学术月刊	209	0.90	209	66.3	1.5	20	71	0.03	0.53	23.2
S704	学位与研究生教育	154	0.92	146	20.0	2.2	21	88	0.01	0.49	6.4
S361	学习论坛	97	0.99	97	21.1	1.7	21	64	0.00	0.76	5.6
S983	学习与探索	253	0.88	253	22.0	1.7	27	120	0.02	0.73	10.0
S363	学校党建与思想教育	598	0.94	325	6.3	1.8	29	276	0.00	0.70	5.2
S799	亚太经济	86	0.93	86	25.9	2.4	21	57	0.02	0.73	4.4
G865	医学信息学杂志	209	0.96	209	18.5	4.2	25	131	0.00	0.62	3.6
G308	医学与哲学	400	0.90	384	23.6	2.8	28	241	0.00	0.59	6.7
S366	艺术百家	123	0.91	123	23.1	1.4	19	74	0.02	0.65	13.5
S367	音乐研究	78	0.90	78	37.9	1.3	22	52	0.01	0.54	52.1
S368	语言教学与研究	78	0.85	57	28.4	1.5	15	41	0.10	0.53	17.3
S369	语言文字应用	62	0.78	48	27.1	1.9	14	33	0.02	0.71	11.6
S370	语言研究	65	0.97	63	30.0	1.4	18	45	0.00	0.91	24.1
S372	云南财经大学学报	81	1.00	81	38.9	2.3	21	64	0.00	0.83	6.6
S374	云南民族大学学报哲学社会科学版	105	0.93	101	37.5	1.6	23	69	0.00	0.87	6.0
S922	哲学动态	148	0.89	148	23.0	1.1	22	68	0.02	0.64	20.8
S923	哲学研究	143	0.88	143	23.8	1.0	19	59	0.03	0.62	23.6
S986	浙江大学学报人文社会科学版	133	0.80	133	50.3	1.7	17	57	0.00	0.77	13.7
S987	浙江社会科学	203	0.93	203	34.1	1.7	20	83	0.00	0.67	13.8
G352	证据科学	51	0.94	50	71.7	1.6	12	27	0.04	0.37	21.4

表 4-2 2023 年社会科学领域中国科技核心期刊来源指标刊名字顺索引（续）

CODE	刊名	来源文献量	文献选出率	AR论文量	平均引文数	平均作者数	地区分布数	机构分布数	海外论文比	基金论文比	引用半衰期
S659	证券市场导报	80	0.82	80	47.0	2.5	18	50	0.00	0.68	7.7
S619	政法论坛	91	0.91	91	52.3	1.0	15	42	0.00	0.74	10.5
S382	政治学研究	83	0.84	83	47.4	1.5	17	45	0.00	0.64	10.9
S383	政治与法律	134	0.91	134	71.3	1.0	17	60	0.01	0.61	8.9
S384	职教论坛	178	0.93	176	20.4	2.0	24	108	0.02	0.77	3.8
S390	治理研究	71	0.82	70	37.7	1.6	13	37	0.01	0.70	6.3
Q468	智库理论与实践	108	0.92	108	24.6	2.0	21	78	0.01	0.49	3.0
S386	中共党史研究	88	0.92	79	65.8	1.1	13	37	0.00	0.38	73.8
S193	中共中央党校(国家行政学院)学报	81	0.93	81	27.7	1.6	14	39	0.00	0.54	5.9
S392	中国比较文学	81	0.98	77	34.9	1.0	16	45	0.04	0.49	24.6
S393	中国边疆史地研究	89	0.92	83	62.6	1.2	23	49	0.00	0.60	100.0
S304	中国大学教学	158	0.89	158	11.1	1.9	23	99	0.01	0.54	4.8
S396	中国党政干部论坛	232	0.94	187	0.0	1.0	22	113	0.00	0.00	1.5
S397	中国地方志	67	0.81	67	66.8	1.2	20	50	0.00	0.43	100.0
S398	中国地质大学学报社会科学版	72	0.91	72	35.6	2.0	19	54	0.03	0.82	6.3
J076	中国发明与专利	110	0.93	110	18.8	2.9	20	88	0.01	0.49	5.1
S633	中国法学	90	1.00	90	78.8	1.0	14	42	0.00	0.57	16.4
S400	中国翻译	146	0.90	137	18.9	1.5	20	76	0.00	0.38	13.4
S401	中国改革	98	0.93	73	0.6	1.2	7	53	0.04	0.01	32.2
S664	中国高教研究	199	0.84	168	19.7	1.8	18	87	0.00	0.52	5.0
S800	中国工业经济	124	0.91	123	46.0	2.8	17	49	0.00	0.92	9.5
S404	中国海商法研究	38	0.83	38	66.0	1.3	12	23	0.00	0.82	11.9
S823	中国科技翻译	69	0.95	64	9.3	1.8	21	55	0.00	0.45	12.2
A583	中国科技期刊研究	199	0.89	199	24.3	3.3	24	142	0.01	0.39	3.1
S133	中国科技资源导刊	70	0.95	70	23.1	3.2	16	48	0.00	0.49	4.2
S410	中国劳动	32	0.94	32	27.6	1.9	7	15	0.00	0.34	5.8
S618	中国历史地理论丛	62	0.84	61	79.0	1.2	18	41	0.03	0.66	86.8
S838	中国流通经济	126	0.91	126	39.2	1.9	27	96	0.01	0.86	3.8
S414	中国穆斯林	93	0.65	65	12.4	1.1	14	45	0.02	0.20	40.0
S803	中国农村观察	56	0.90	56	54.3	2.4	15	31	0.00	0.82	9.5
S804	中国农村经济	109	0.92	109	52.0	2.6	16	48	0.00	0.81	10.5
H221	中国农业资源与区划	276	0.66	276	34.4	3.7	29	130	0.00	0.85	5.6
S417	中国青年社会科学	82	0.90	82	28.9	1.4	14	50	0.01	0.59	9.7
S416	中国青年研究	158	0.95	158	30.9	1.6	19	81	0.03	0.56	6.9
S874	中国人口科学	52	0.87	52	35.0	2.3	12	35	0.02	0.67	7.2
S419	中国人力资源开发	97	0.84	92	58.3	3.0	20	67	0.07	0.86	7.7
S990	中国人民大学学报	103	0.92	94	44.1	1.5	12	36	0.01	0.54	14.1
S875	中国社会科学	123	0.88	123	63.7	1.3	19	50	0.03	0.00	29.2
S587	中国司法鉴定	90	0.94	89	26.5	3.7	21	54	0.00	0.44	8.2
S714	中国特殊教育	131	0.96	131	44.9	3.0	22	52	0.04	0.56	6.7
S888	中国体育科技	148	0.97	148	47.6	3.8	22	71	0.03	0.74	7.5
S902	中国图书馆学报	51	0.94	51	41.0	2.7	11	27	0.00	0.73	5.0
S426	中国文化研究	62	0.94	61	51.8	1.3	16	48	0.05	0.53	86.8

表 4-2　2023 年社会科学领域中国科技核心期刊来源指标刊名字顺索引（续）

CODE	刊名	来源文献量	文献选出率	AR论文量	平均引文数	平均作者数	地区分布数	机构分布数	海外论文比	基金论文比	引用半衰期
S427	中国现代文学研究丛刊	186	0.94	186	43.6	1.1	23	98	0.05	0.34	46.7
S428	中国刑事法杂志	60	0.91	60	52.3	1.0	18	36	0.00	0.73	8.5
S405	中国行政管理	238	0.87	206	29.8	1.9	27	116	0.02	0.72	6.7
G911	中国医学伦理学	233	0.98	231	18.7	3.5	27	135	0.00	0.42	4.2
S429	中国音乐	132	0.90	127	28.8	1.2	20	64	0.01	0.43	29.3
S430	中国音乐学	61	0.78	60	35.7	1.2	17	43	0.03	0.48	37.6
S715	中国语文	66	0.72	63	45.0	1.3	18	42	0.08	0.70	24.3
G131	中国运动医学杂志	117	0.75	117	49.8	5.1	17	60	0.03	0.74	6.9
S432	中国职业技术教育	470	0.99	428	14.5	2.0	26	254	0.01	0.61	3.5
S807	中国资产评估	111	0.90	110	12.7	2.7	21	65	0.00	0.29	5.6
S434	中国宗教	426	0.73	26	0.0	1.2	29	221	0.00	0.11	0.0
S435	中华文化论坛	95	0.87	95	56.7	1.4	21	61	0.01	0.47	42.1
S992	中南财经政法大学学报	72	0.99	72	37.9	2.3	19	45	0.00	0.86	5.5
S993	中南民族大学学报人文社会科学版	258	0.86	256	23.1	1.6	28	100	0.00	0.78	9.2
S994	中山大学学报社会科学版	109	0.91	103	53.6	1.3	17	43	0.05	0.61	57.0
S634	中外法学	84	0.93	84	85.3	1.0	12	39	0.04	0.55	24.2
S440	中央财经大学学报	118	0.89	118	46.4	2.6	22	65	0.03	0.89	8.0
S441	中央音乐学院学报	53	0.87	53	39.8	1.1	15	24	0.00	0.58	34.0
S996	中州学刊	266	0.93	266	26.3	1.4	26	150	0.00	0.70	10.4
S444	装饰	297	0.73	209	17.3	2.0	22	105	0.06	0.50	19.7
S728	资源开发与市场	196	0.99	196	36.8	3.6	27	123	0.02	0.93	5.5
S446	资源与产业	75	0.86	74	34.4	2.8	19	39	0.00	0.72	4.8
A908	自然辩证法通讯	168	0.94	168	27.9	1.4	24	98	0.05	0.60	16.2
S926	自然辩证法研究	247	0.90	243	22.9	1.5	27	126	0.01	0.71	12.2
S448	宗教学研究	134	0.92	128	37.8	1.1	24	92	0.02	0.61	36.7

5 2023年各学科分类期刊整体情况

表5-1 2023年各学科分类期刊数量、核心总被引频次和核心影响因子（社会科学）

表号	学科分类	期刊数量	核心总被引频次		核心影响因子	
			平均值	中值	平均值	中值
表6-1	社会科学综合	23	1392	988	1.095	0.761
表6-2	社会科学综合大学学报	36	633	580	0.950	0.797
表6-3	社会科学师范大学学报	9	577	505	0.934	0.782
表6-4	马克思主义	5	722	641	1.052	0.863
表6-5	哲学	7	971	863	0.553	0.442
表6-6	宗教学	5	152	176	0.082	0.066
表6-7	语言学综合	12	431	306	0.374	0.333
表6-8	外国语言学	8	410	446	0.503	0.563
表6-9	中国文学	13	381	254	0.223	0.179
表6-10	外国文学	5	148	142	0.130	0.122
表6-11	艺术学	20	302	271	0.220	0.240
表6-12	历史学	9	747	560	0.493	0.281
表6-13	考古学	6	946	647	0.356	0.345
表6-14	经济学综合	27	2488	1347	2.553	2.009
表6-15	经济大学学报	9	628	486	1.553	1.196
表6-16	国民经济学、管理经济学、数量经济学	12	1047	608	1.452	0.971
表6-17	会计学、审计学	1	1181	1181	2.264	2.264
表6-18	生态农业经济学	9	2612	3142	2.802	1.491
表6-19	工商业经济学	16	2017	1071	2.501	1.528
表6-20	财政学、金融学、保险学	16	1262	835	1.996	1.794
表6-21	政治学综合	12	806	457	1.156	0.500
表6-22	政治大学学报	6	620	591	1.179	0.988
表6-23	行政学	3	1937	928	1.664	1.748
表6-24	国际政治学、外交学	4	611	404	1.641	1.662
表6-25	法学综合	18	1568	1408	2.341	2.132
表6-26	部门法学、刑事侦查学、司法鉴定学	7	492	360	0.986	0.572
表6-27	军事学	2	239	239	0.351	0.351
表6-28	社会学综合	11	1187	522	1.385	0.926
表6-29	人口学、劳动科学	6	951	927	1.998	1.661
表6-30	民族学与文化学	5	348	229	0.433	0.352
表6-31	新闻学与传播学	6	1003	975	1.131	1.022
表6-32	图书馆学、文献学	13	1287	1024	1.619	1.317

表5-1 2023年各学科分类期刊数量、核心总被引频次和核心影响因子（社会科学）（续）

表号	学科分类	期刊数量	核心总被引频次		核心影响因子	
			平均值	中值	平均值	中值
表6-33	情报学	15	1739	1081	1.540	1.755
表6-34	档案学、博物馆学	2	658	658	1.252	1.252
表6-35	教育学综合	16	913	667	0.902	0.743
表6-36	学前教育学、普通教育学	7	572	513	0.719	0.562
表6-37	高等教育学	7	1019	837	0.847	0.912
表6-38	成人教育学、职业技术教育学	5	616	627	0.813	0.522
表6-39	体育科学	11	868	869	1.140	1.146
表6-40	统计学	4	2553	2273	2.034	1.598

6 2023年各学科分类期刊指标情况

社会科学综合

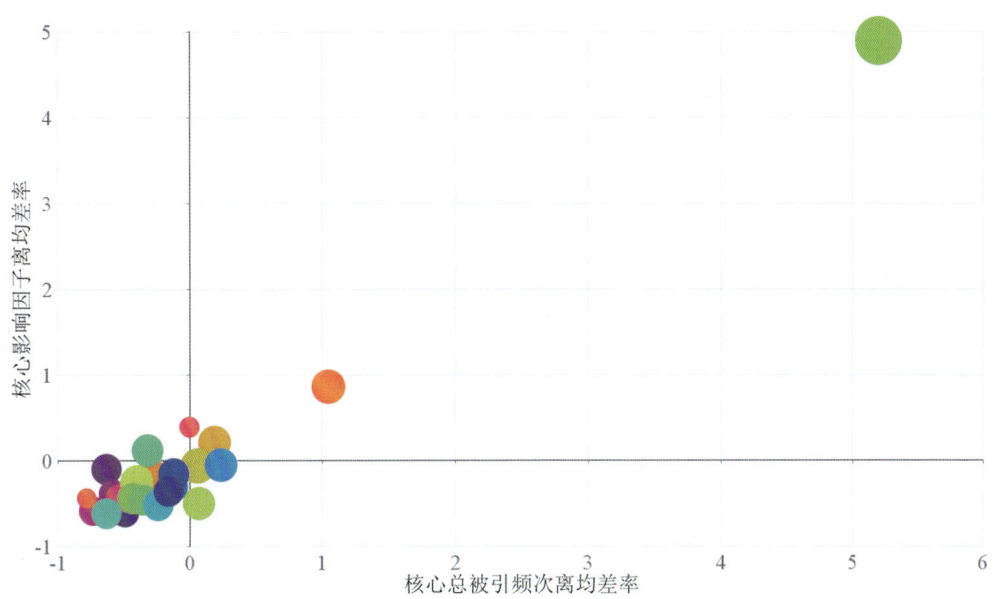

2023年社会科学综合类期刊核心总被引频次和核心影响因子离均差率的分布图
（节点大小表示综合评价总分）

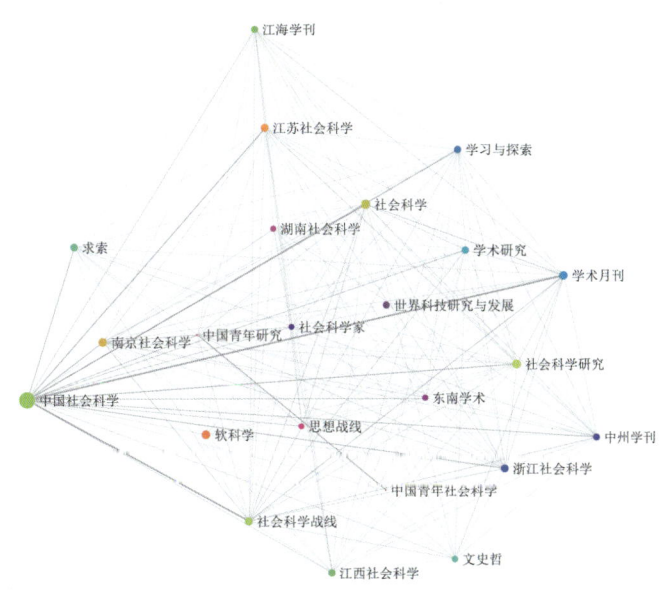

2023年社会科学综合类期刊互引关系示意图

表6-1　2023年社会科学综合类期刊主要指标

CODE	刊名	核心总被引频次			核心影响因子			综合评价总分		学科扩散指标	学科影响指标	红点指标
		数值	排名	离均差率	数值	排名	离均差率	数值	排名			
S174	东南学术	583	19	−0.58	0.663	14	−0.39	30.9	18	11.91	0.83	0.49
S211	湖南社会科学	380	22	−0.73	0.454	21	−0.59	30.7	19	9.87	0.65	0.52
S944	江海学刊	791	16	−0.43	0.609	17	−0.44	36.0	13	13.70	0.96	0.40
S854	江苏社会科学	988	12	−0.29	0.904	10	−0.17	38.0	9	14.87	0.96	0.45
S946	江西社会科学	910	14	−0.35	0.592	18	−0.46	34.9	14	16.04	0.83	0.40
S858	南京社会科学	1655	4	0.19	1.330	4	0.21	41.2	5	18.30	0.91	0.45
S958	求索	942	13	−0.32	1.231	5	0.12	38.2	8	14.96	0.91	0.52
S819	软科学	2853	2	1.05	2.041	2	0.86	42.2	4	18.83	0.57	0.27
S863	社会科学	1469	6	0.06	1.029	7	−0.06	44.5	2	17.35	1.00	0.27
SA01	社会科学家	712	17	−0.49	0.429	22	−0.61	29.7	21	14.04	0.78	0.45
S865	社会科学研究	837	15	−0.40	0.822	11	−0.25	42.4	3	14.17	0.87	0.28
S866	社会科学战线	1490	5	0.07	0.549	19	−0.50	40.0	7	18.30	0.96	0.28
A201	世界科技研究与发展	515	21	−0.63	0.985	8	−0.10	34.6	15	13.96	0.13	0.35
S292	思想战线	655	18	−0.53	0.614	15	−0.44	29.9	20	10.39	0.91	0.54
S973	文史哲	522	20	−0.63	0.416	23	−0.62	33.2	17	7.83	0.83	0.09
S981	学术研究	1064	11	−0.24	0.528	20	−0.52	36.2	12	16.04	0.87	0.32
S982	学术月刊	1731	3	0.24	1.035	6	−0.05	40.9	6	16.87	0.96	0.25
S983	学习与探索	1213	9	−0.13	0.761	12	−0.30	36.5	11	16.00	1.00	0.47
S987	浙江社会科学	1220	8	−0.12	0.915	9	−0.16	38.0	10	15.91	0.87	0.33
S417	中国青年社会科学	313	23	−0.78	0.609	16	−0.44	14.4	23	4.83	0.39	0.33
S416	中国青年研究	1387	7	0.00	1.519	3	0.39	15.9	22	11.65	0.74	0.37
S875	中国社会科学	8626	1	5.20	6.445	1	4.89	85.2	1	23.52	0.96	0.42
S996	中州学刊	1169	10	−0.16	0.704	13	−0.36	34.2	16	16.17	0.96	0.42
	23种期刊平均值	1392			1.095							

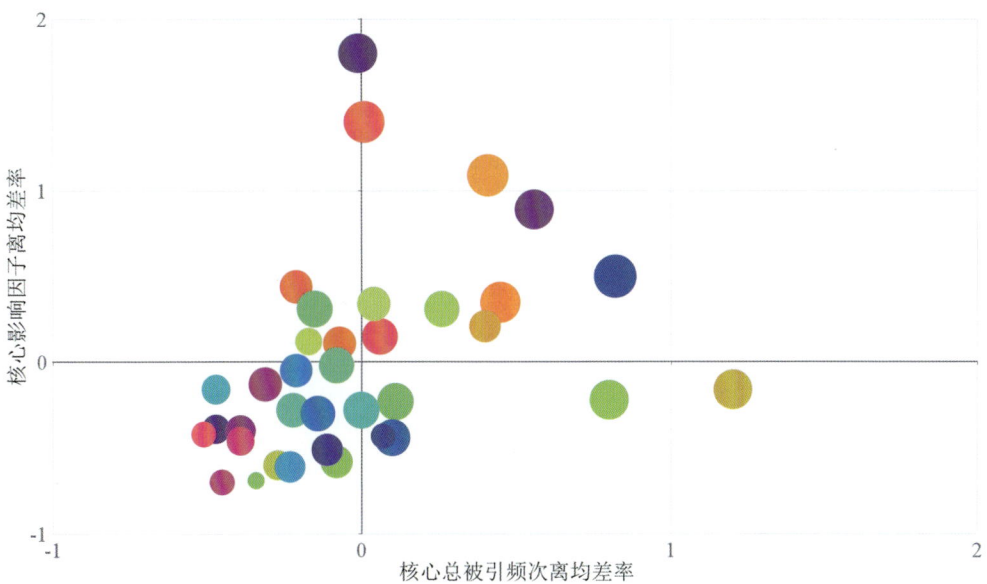

2023 年社会科学综合大学学报类期刊核心总被引频次和核心影响因子离均差率的分布图
（节点大小表示综合评价总分）

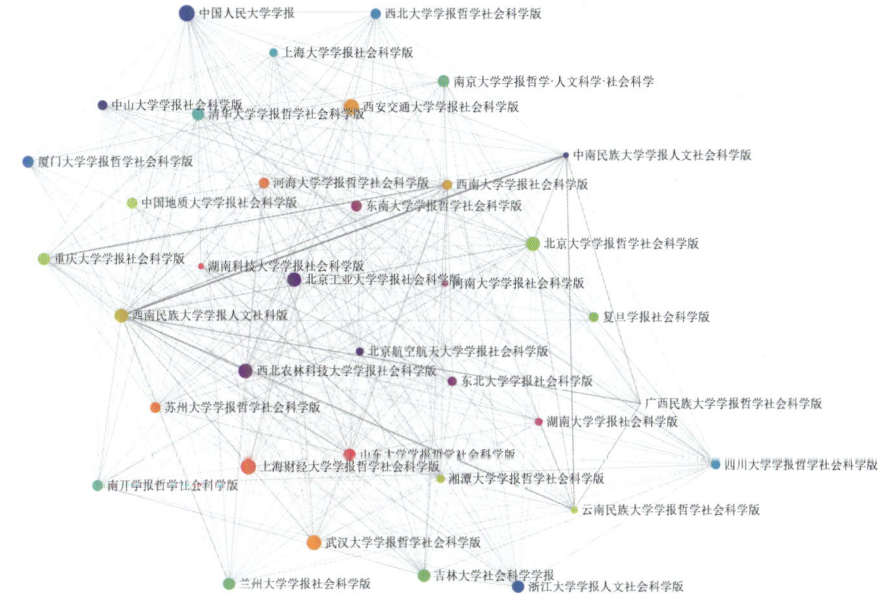

2023 年社会科学综合大学学报类期刊互引关系示意图

表6-2 2023年社会科学综合大学学报类期刊主要指标

CODE	刊名	核心总被引频次			核心影响因子			综合评价总分		学科扩散指标	学科影响指标	红点指标
		数值	排名	离均差率	数值	排名	离均差率	数值	排名			
S929	北京大学学报哲学社会科学版	1138	3	0.80	0.744	20	−0.22	55.9	8	9.42	0.97	0.19
S148	北京工业大学学报社会科学版	625	16	−0.01	2.664	1	1.80	56.5	6	7.94	0.44	0.63
S997	北京航空航天大学学报社会科学版	333	35	−0.47	0.584	25	−0.39	30.6	30	5.42	0.44	0.39
S443	重庆大学学报社会科学版	795	8	0.26	1.248	9	0.31	47.1	14	8.28	0.72	0.61
S170	东北大学学报社会科学版	386	31	−0.39	0.571	26	−0.40	35.2	27	6.42	0.58	0.32
S172	东南大学学报哲学社会科学版	435	29	−0.31	0.826	17	−0.13	42.1	18	6.94	0.53	0.25
S934	复旦学报社会科学版	579	19	−0.08	0.402	32	−0.58	38.1	23	7.69	0.75	0.20
S936	广西民族大学学报哲学社会科学版	419	30	−0.34	0.298	35	−0.69	11.0	36	4.33	0.42	0.25
S272	河海大学学报哲学社会科学版	501	24	−0.21	1.368	6	0.44	39.8	22	6.44	0.44	0.65
S205	河南大学学报社会科学版	351	33	−0.45	0.285	36	−0.70	24.5	33	5.64	0.53	0.26
S209	湖南大学学报社会科学版	385	32	−0.39	0.514	30	−0.46	29.6	31	5.72	0.58	0.32
S210	湖南科技大学学报社会科学版	312	36	−0.51	0.550	27	−0.42	23.9	34	5.00	0.39	0.47
S942	吉林大学社会科学学报	704	9	0.11	0.735	21	−0.23	49.4	9	8.28	0.81	0.28
S947	兰州大学学报社会科学版	535	22	−0.15	1.244	10	0.31	48.3	13	7.69	0.64	0.50
S950	南京大学学报哲学·人文科学·社会科学	581	18	−0.08	0.933	15	−0.02	45.8	15	7.19	0.81	0.22
S953	南开学报哲学社会科学版	491	26	−0.22	0.683	23	−0.28	42.6	17	6.86	0.67	0.30
S955	清华大学学报哲学社会科学版	633	15	0.00	0.685	22	−0.28	48.7	11	7.67	0.81	0.18
S264	山东大学学报哲学社会科学版	669	12	0.06	1.095	12	0.15	48.7	10	8.36	0.72	0.42
S265	上海财经大学学报哲学社会科学版	640	14	0.01	2.283	2	1.40	62.2	3	6.44	0.67	0.33
S965	上海大学学报社会科学版	338	34	−0.47	0.794	19	−0.16	32.0	28	4.78	0.61	0.19
S967	四川大学学报哲学社会科学版	484	27	−0.23	0.368	34	−0.61	35.4	26	7.03	0.69	0.23
S294	苏州大学学报哲学社会科学版	591	17	−0.07	1.058	14	0.11	40.7	20	6.64	0.75	0.45
S334	武汉大学学报哲学社会科学版	919	5	0.45	1.280	7	0.35	60.2	4	9.64	0.81	0.59
S336	西安交通大学学报社会科学版	891	6	0.41	1.984	3	1.09	63.9	2	9.92	0.72	0.66
S975	西北大学学报哲学社会科学版	501	25	−0.21	0.902	16	−0.05	39.9	21	6.97	0.56	0.37
S150	西北农林科技大学学报社会科学版	988	4	0.56	1.798	4	0.89	57.7	5	7.83	0.56	0.56
S340	西南大学学报社会科学版	883	7	0.40	1.151	11	0.21	37.2	24	8.31	0.72	0.42
S341	西南民族大学学报人文社科版	1393	1	1.20	0.799	18	−0.16	56.1	7	11.58	0.83	0.52
S978	厦门大学学报哲学社会科学版	546	21	−0.14	0.661	24	−0.30	45.3	16	7.19	0.61	0.31
S346	湘潭大学学报哲学社会科学版	459	28	−0.27	0.384	33	−0.60	31.8	29	6.78	0.69	0.31
S374	云南民族大学学报哲学社会科学版	523	23	−0.17	1.067	13	0.12	27.2	32	5.94	0.47	0.57
S986	浙江大学学报人文社会科学版	695	10	0.10	0.534	29	−0.44	48.4	12	9.36	0.78	0.34
S398	中国地质大学学报社会科学版	655	13	0.04	1.277	8	0.34	41.7	19	7.67	0.56	0.44
S990	中国人民大学学报	1154	2	0.82	1.426	5	0.50	66.7	1	10.64	0.89	0.19
S993	中南民族大学学报人文社会科学版	680	11	0.07	0.544	28	−0.43	22.7	35	6.56	0.56	0.62
S994	中山大学学报社会科学版	563	20	−0.11	0.466	31	−0.51	36.9	25	6.92	0.81	0.11
	36种期刊平均值	633			0.950							

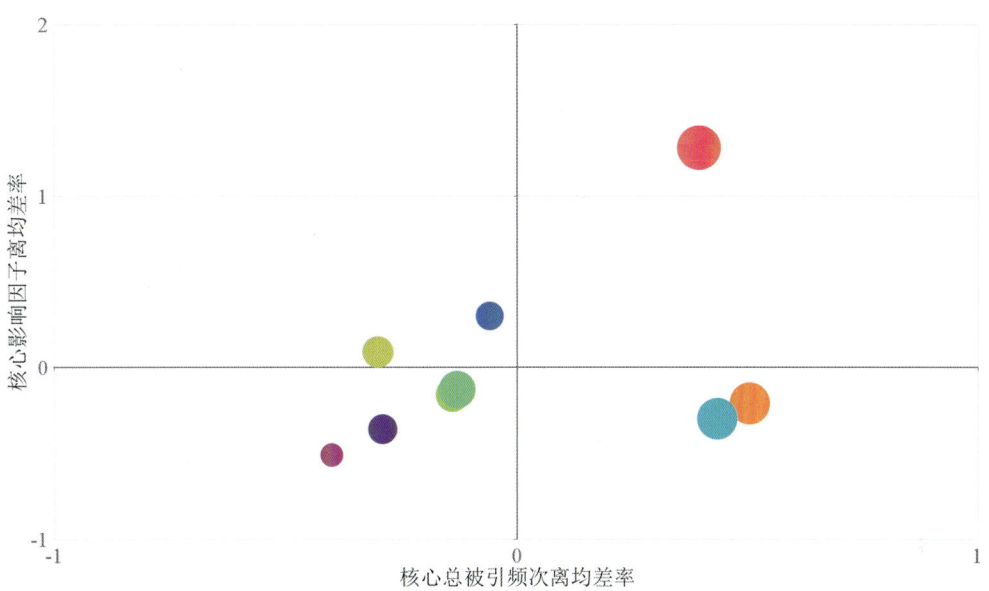

2023年社会科学师范大学学报类期刊核心总被引频次和核心影响因子离均差率的分布图
（节点大小表示综合评价总分）

2023年社会科学师范大学学报类期刊互引关系示意图

表6-3　2023年社会科学师范大学学报类期刊主要指标

CODE	刊名	核心总被引频次			核心影响因子			综合评价总分		学科扩散指标	学科影响指标	红点指标
		数值	排名	离均差率	数值	排名	离均差率	数值	排名			
S930	北京师范大学学报社会科学版	865	1	0.50	0.739	6	−0.21	63.1	2	34.89	0.89	0.29
S933	福建师范大学学报哲学社会科学版	404	8	−0.30	1.016	3	0.09	35.9	6	23.00	0.67	0.40
S213	湖南师范大学社会科学学报	409	7	−0.29	0.599	8	−0.36	31.7	7	24.67	0.56	0.24
S939	华东师范大学学报哲学社会科学版	494	6	−0.14	0.782	5	−0.16	41.7	5	28.22	0.78	0.14
S940	华南师范大学学报社会科学版	505	5	−0.13	0.815	4	−0.13	49.9	4	30.22	0.78	0.20
S941	华中师范大学学报人文社会科学版	827	2	0.43	0.650	7	−0.30	61.6	3	36.11	0.67	0.15
S964	陕西师范大学学报哲学社会科学版	543	4	−0.06	1.210	2	0.30	29.2	8	26.89	0.67	0.49
S269	上海师范大学学报哲学社会科学版	346	9	−0.40	0.460	9	−0.51	19.9	9	22.00	0.78	0.20
S349	新疆师范大学学报哲学社会科学版	803	3	0.39	2.132	1	1.28	70.4	1	35.56	0.89	0.71
	9种期刊平均值	577			0.934							

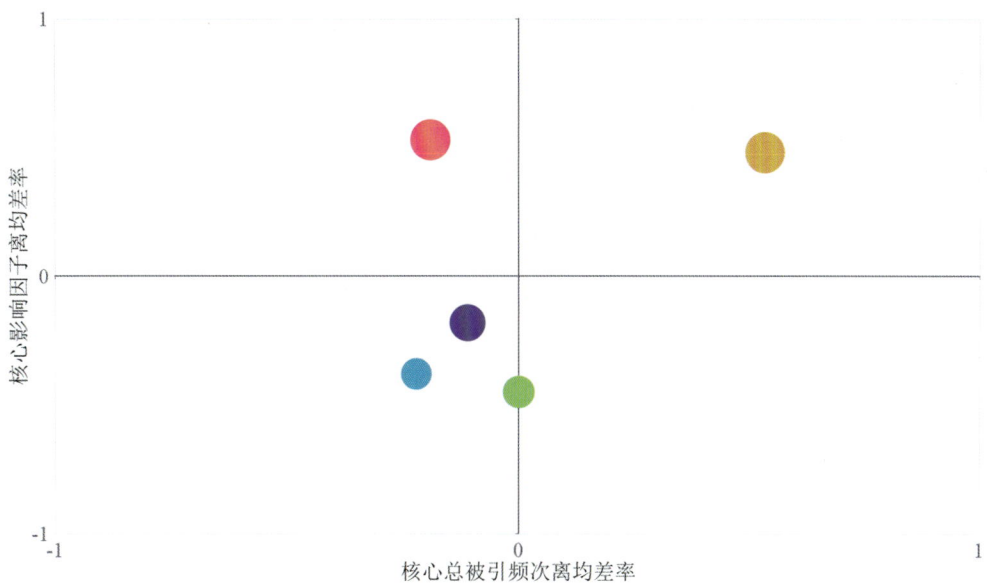

2023年马克思主义类期刊核心总被引频次和核心影响因子离均差率的分布图
（节点大小表示综合评价总分）

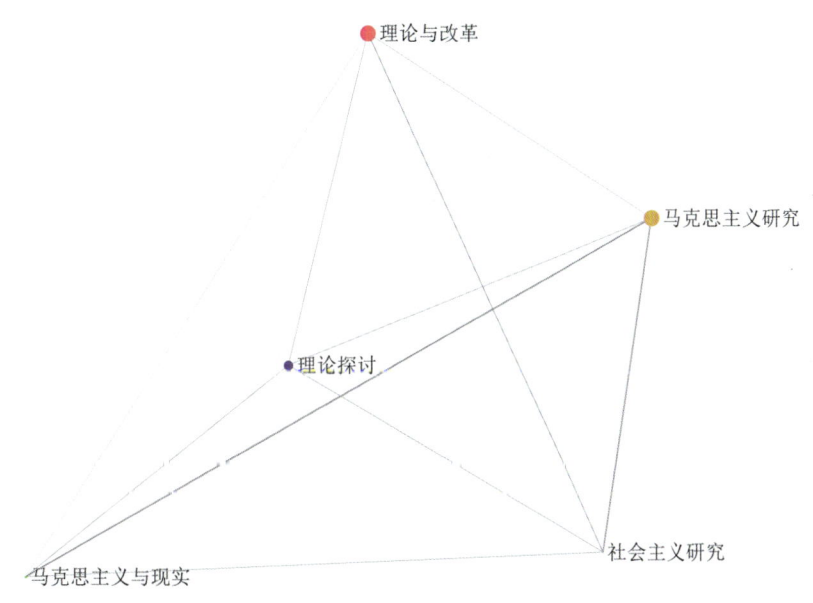

2023年马克思主义类期刊互引关系示意图

表 6-4　2023年马克思主义类期刊主要指标

CODE	刊名	核心总被引频次			核心影响因子			综合评价总分		学科扩散指标	学科影响指标	红点指标
		数值	排名	离均差率	数值	排名	离均差率	数值	排名			
S237	理论探讨	641	3	−0.11	0.863	3	−0.18	49.1	3	52.80	1.00	0.41
S238	理论与改革	586	4	−0.19	1.610	1	0.53	60.1	2	43.40	1.00	0.45
S246	马克思主义研究	1104	1	0.53	1.560	2	0.48	60.7	1	44.80	1.00	0.52
S247	马克思主义与现实	720	2	0.00	0.575	5	−0.45	37.4	4	47.80	1.00	0.39
S276	社会主义研究	561	5	−0.22	0.653	4	−0.38	35.5	5	40.40	1.00	0.48
	5种期刊平均值	722			1.052							

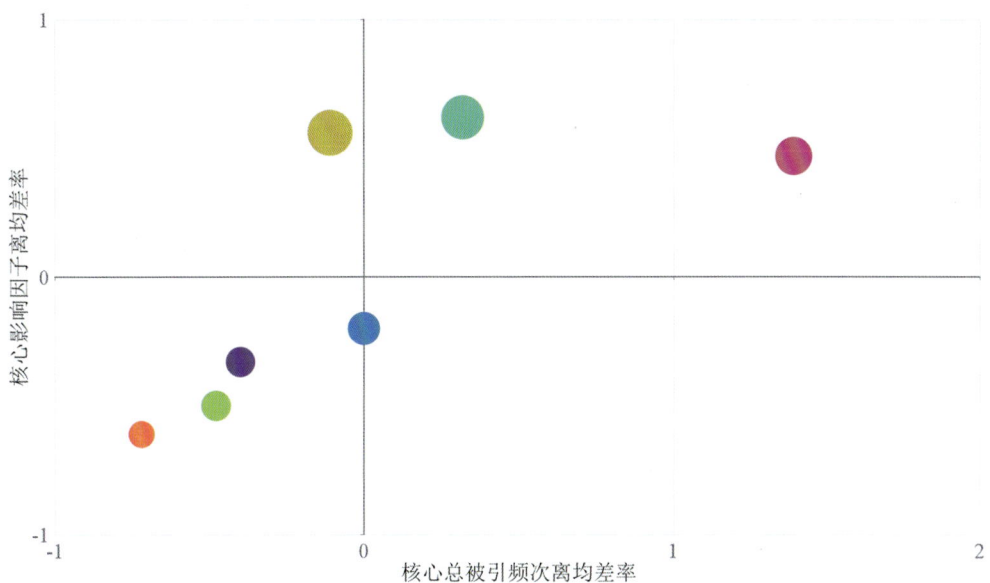

2023年哲学类期刊核心总被引频次和核心影响因子离均差率的分布图
（节点大小表示综合评价总分）

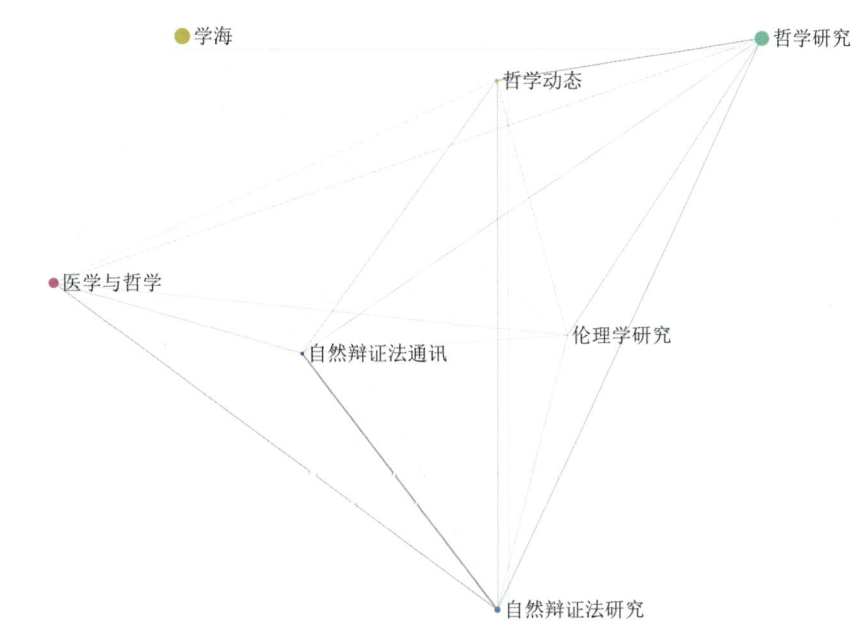

2023年哲学类期刊互引关系示意图

表 6-5　2023 年哲学类期刊主要指标

CODE	刊名	核心总被引频次			核心影响因子			综合评价总分		学科扩散指标	学科影响指标	红点指标
		数值	排名	离均差率	数值	排名	离均差率	数值	排名			
S244	伦理学研究	270	7	−0.72	0.216	7	−0.61	26.0	7	18.29	0.86	0.21
S354	学海	863	4	−0.11	0.862	2	0.56	74.7	1	38.14	0.71	0.14
G308	医学与哲学	2323	1	1.39	0.811	3	0.47	52.1	3	60.86	0.71	0.33
S922	哲学动态	507	6	−0.48	0.276	6	−0.50	33.1	5	26.29	1.00	0.25
S923	哲学研究	1286	2	0.32	0.894	1	0.62	69.4	2	37.29	1.00	0.34
A908	自然辩证法通讯	582	5	−0.40	0.369	5	−0.33	32.7	6	32.71	1.00	0.21
S926	自然辩证法研究	968	3	0.00	0.442	4	−0.20	39.8	4	43.29	1.00	0.26
	7 种期刊平均值	971			0.553							

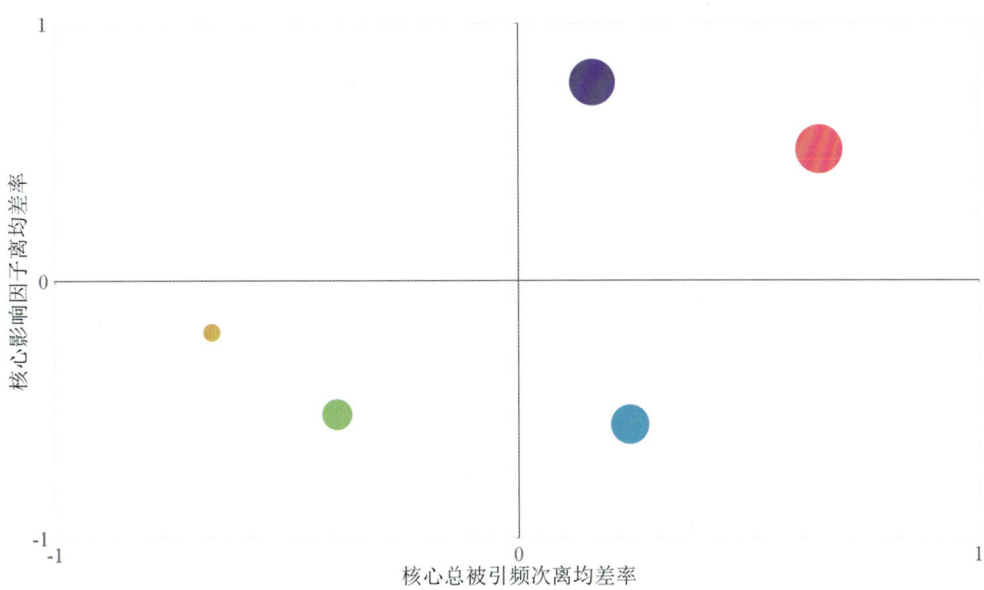

2023年宗教学类期刊核心总被引频次和核心影响因子离均差率的分布图
（节点大小表示综合评价总分）

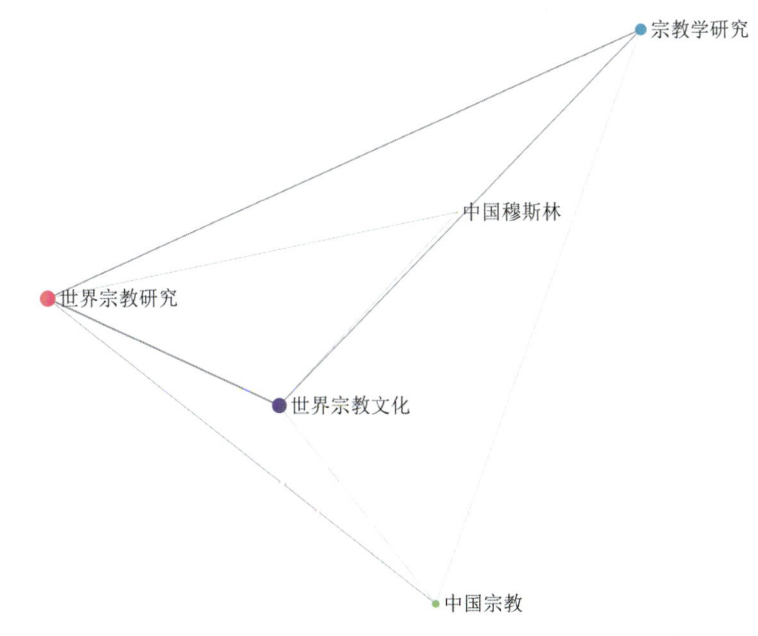

2023年宗教学类期刊互引关系示意图

表 6-6　2023年宗教学类期刊主要指标

CODE	刊名	核心总被引频次			核心影响因子			综合评价总分		学科扩散指标	学科影响指标	红点指标
		数值	排名	离均差率	数值	排名	离均差率	数值	排名			
S286	世界宗教文化	176	3	0.16	0.145	1	0.77	77.9	2	8.20	0.80	0.34
S287	世界宗教研究	250	1	0.65	0.124	2	0.51	85.2	1	12.00	0.80	0.29
S414	中国穆斯林	51	5	−0.66	0.066	3	−0.20	11.3	5	2.00	0.60	0.00
S434	中国宗教	93	4	−0.39	0.039	4	−0.52	34.2	4	4.80	0.80	0.00
S448	宗教学研究	188	2	0.24	0.036	5	−0.56	55.5	3	9.40	0.60	0.27
	5种期刊平均值	152			0.082							

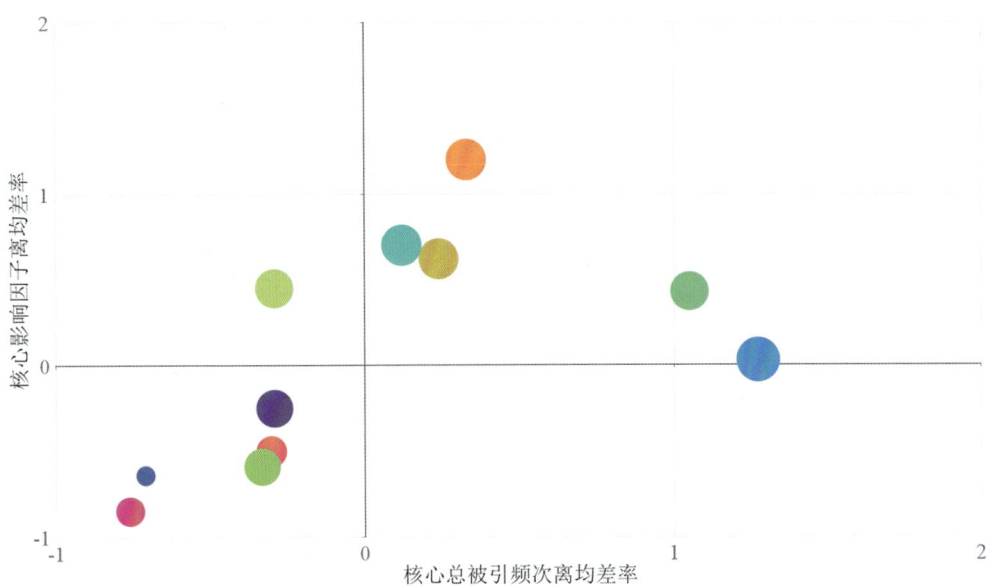

2023年语言学综合类期刊核心总被引频次和核心影响因子离均差率的分布图
（节点大小表示综合评价总分）

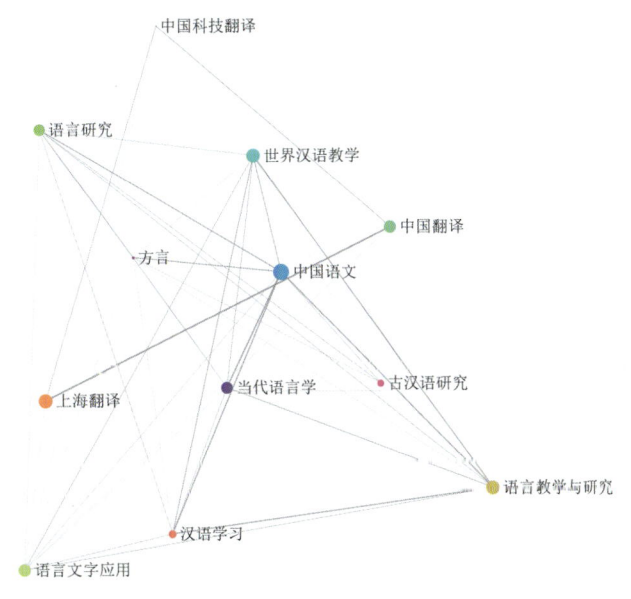

2023年语言学综合类期刊互引关系示意图

表 6-7 2023 年语言学综合类期刊主要指标

CODE	刊名	核心总被引频次			核心影响因子			综合评价总分		学科扩散指标	学科影响指标	红点指标
		数值	排名	离均差率	数值	排名	离均差率	数值	排名			
S165	当代语言学	307	6	−0.29	0.281	7	−0.25	50.8	7	4.17	0.83	0.31
S179	方言	284	10	−0.34	0.155	9	−0.59	18.5	11	2.17	0.75	0.65
S184	古汉语研究	102	12	−0.76	0.056	12	−0.85	31.6	10	2.42	0.67	0.21
S200	汉语学习	303	8	−0.30	0.188	8	−0.50	34.9	9	2.42	0.67	0.20
S266	上海翻译	574	3	0.33	0.822	1	1.20	61.3	2	4.75	0.33	0.44
S691	世界汉语教学	484	5	0.12	0.638	2	0.70	60.7	3	4.25	0.75	0.13
S368	语言教学与研究	535	4	0.24	0.605	3	0.62	59.4	4	4.67	0.75	0.14
S369	语言文字应用	305	7	−0.29	0.542	4	0.45	54.0	5	6.50	0.92	0.18
S370	语言研究	290	9	−0.33	0.152	10	−0.59	49.3	8	3.17	0.75	0.32
S400	中国翻译	886	2	1.05	0.535	5	0.43	53.8	6	6.42	0.33	0.25
S823	中国科技翻译	126	11	−0.71	0.135	11	−0.64	14.2	12	2.42	0.33	0.41
S715	中国语文	978	1	1.27	0.384	6	0.03	72.3	1	5.50	0.83	0.30
	12 种期刊平均值	431			0.374							

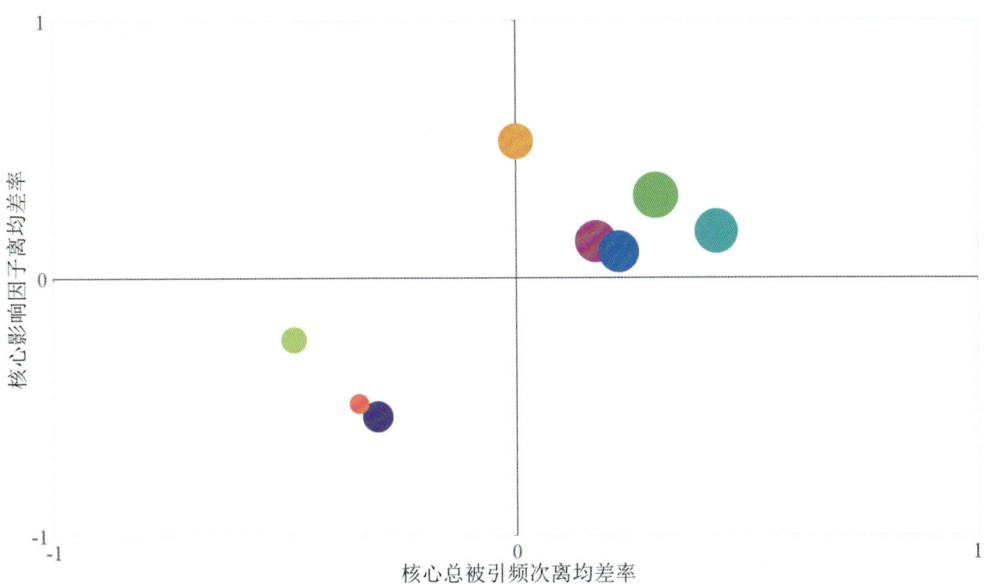

2023年外国语言学类期刊核心总被引频次和核心影响因子离均差率的分布图
（节点大小表示综合评价总分）

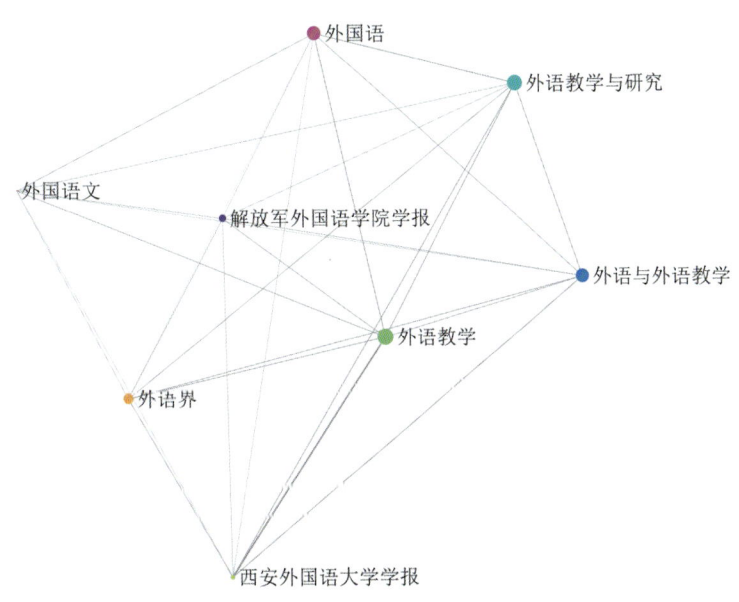

2023年外国语言学类期刊互引关系示意图

表 6-8　2023 年外国语言学类期刊主要指标

CODE	刊名	核心总被引频次			核心影响因子			综合评价总分		学科扩散指标	学科影响指标	红点指标
		数值	排名	离均差率	数值	排名	离均差率	数值	排名			
S225	解放军外国语学院学报	289	6	−0.30	0.233	8	−0.54	34.7	6	8.25	1.00	0.25
S317	外国语	480	4	0.17	0.573	4	0.14	64.4	3	8.75	1.00	0.26
S318	外国语文	272	7	−0.34	0.258	7	−0.49	14.5	8	7.00	1.00	0.19
S697	外语教学	531	2	0.30	0.662	2	0.32	75.9	1	9.25	1.00	0.32
S698	外语教学与研究	585	1	0.43	0.594	3	0.18	72.4	2	9.38	1.00	0.14
S323	外语界	411	5	0.00	0.768	1	0.53	45.8	5	6.00	1.00	0.40
S699	外语与外语教学	499	3	0.22	0.552	5	0.10	62.4	4	8.88	1.00	0.28
S576	西安外国语大学学报	213	8	−0.48	0.382	6	−0.24	24.9	7	5.75	1.00	0.21
	8 种期刊平均值	410			0.503							

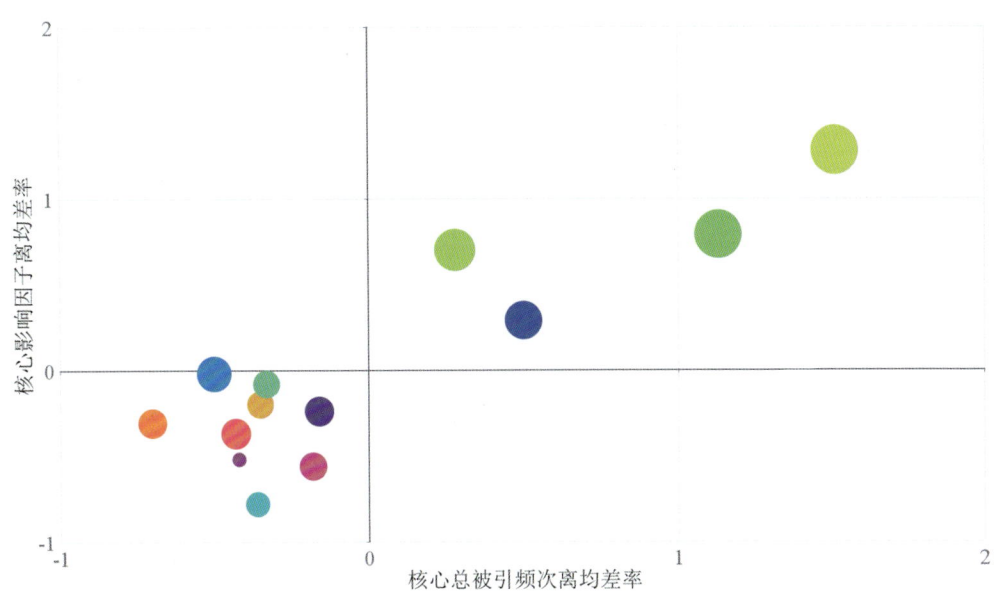

2023 年中国文学类期刊核心总被引频次和核心影响因子离均差率的分布图
（节点大小表示综合评价总分）

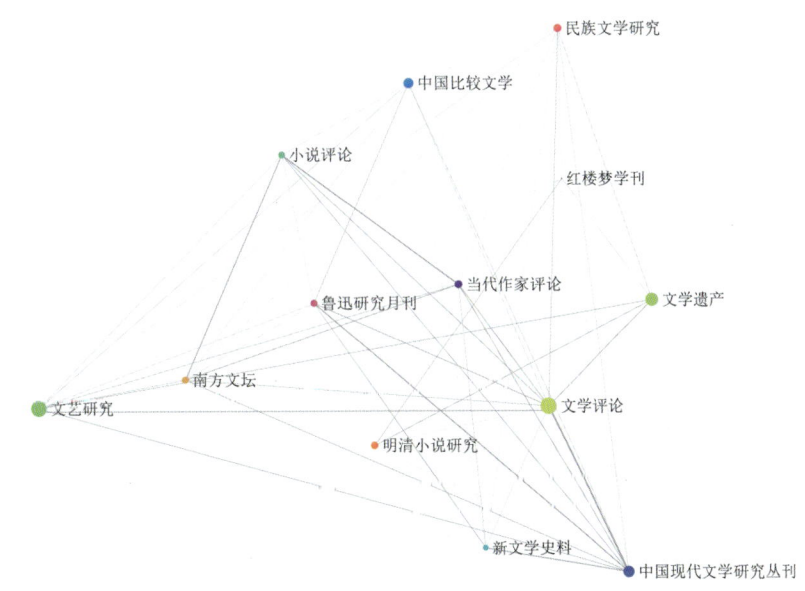

2023 年中国文学类期刊互引关系示意图

表6-9 2023年中国文学类期刊主要指标

CODE	刊名	核心总被引频次			核心影响因子			综合评价总分		学科扩散指标	学科影响指标	红点指标
		数值	排名	离均差率	数值	排名	离均差率	数值	排名			
S166	当代作家评论	320	5	−0.16	0.170	8	−0.24	31.9	7	3.38	0.77	0.00
S206	红楼梦学刊	222	10	−0.42	0.106	11	−0.52	7.6	13	1.69	0.46	0.57
S243	鲁迅研究月刊	312	6	−0.18	0.099	12	−0.56	28.5	9	4.31	0.77	0.54
S251	民族文学研究	219	11	−0.43	0.141	10	−0.37	33.7	6	3.62	0.54	0.21
S254	明清小说研究	115	13	−0.70	0.154	9	−0.31	30.8	8	2.62	0.54	0.31
S255	南方文坛	247	8	−0.35	0.179	7	−0.20	27.3	11	3.46	0.69	0.00
S327	文学评论	957	1	1.51	0.509	1	1.28	88.1	1	9.92	1.00	0.26
S328	文学遗产	488	4	0.28	0.379	3	0.70	64.5	3	6.69	0.69	0.07
S332	文艺研究	813	2	1.13	0.400	2	0.79	85.2	2	11.69	0.92	0.00
S348	小说评论	254	7	−0.33	0.206	6	−0.08	27.8	10	2.85	0.77	0.00
S351	新文学史料	243	9	−0.36	0.049	13	−0.78	22.7	12	3.38	0.77	0.00
S392	中国比较文学	192	12	−0.50	0.219	5	−0.02	45.2	5	4.77	0.69	0.19
S427	中国现代文学研究丛刊	571	3	0.50	0.288	4	0.29	52.4	4	5.85	0.85	0.28
	13种期刊平均值	381			0.223							

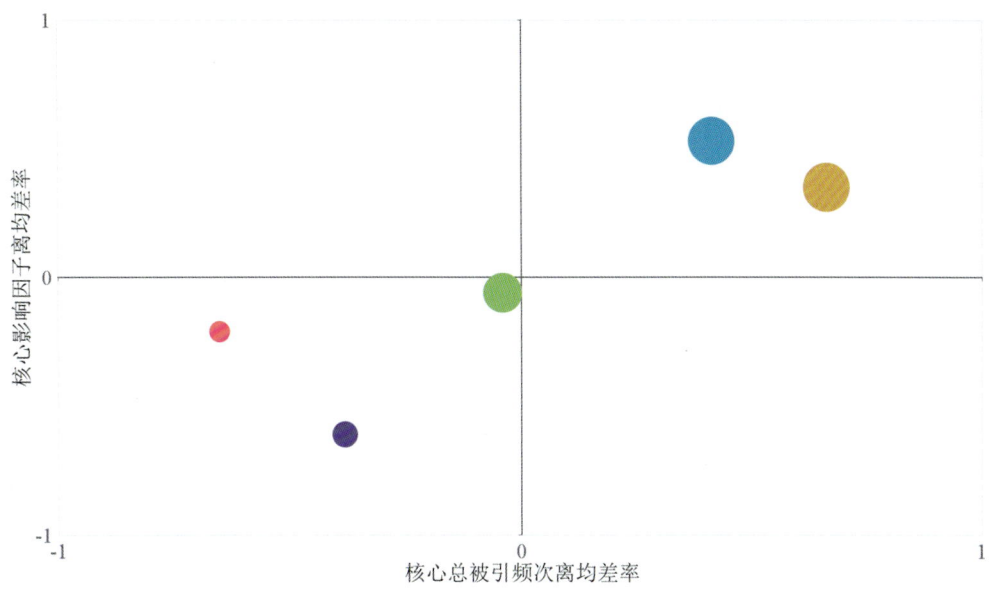

2023年外国文学类期刊核心总被引频次和核心影响因子离均差率的分布图
（节点大小表示综合评价总分）

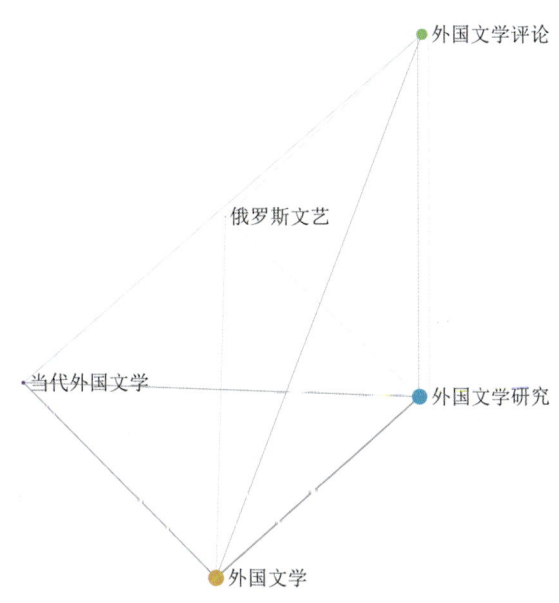

2023年外国文学类期刊互引关系示意图

表 6-10 2023 年外国文学类期刊主要指标

CODE	刊名	核心总被引频次			核心影响因子			综合评价总分		学科扩散指标	学科影响指标	红点指标
		数值	排名	离均差率	数值	排名	离均差率	数值	排名			
S162	当代外国文学	92	4	−0.38	0.051	5	−0.61	24.5	4	6.20	1.00	0.26
S177	俄罗斯文艺	52	5	−0.65	0.103	4	−0.21	16.4	5	3.60	0.80	0.30
S314	外国文学	246	1	0.66	0.175	2	0.35	85.5	1	15.60	1.00	0.34
S315	外国文学评论	142	3	−0.04	0.122	3	−0.06	56.0	3	10.00	1.00	0.22
S316	外国文学研究	208	2	0.41	0.198	1	0.53	82.5	2	11.80	1.00	0.32
	5 种期刊平均值	148			0.130							

艺术学

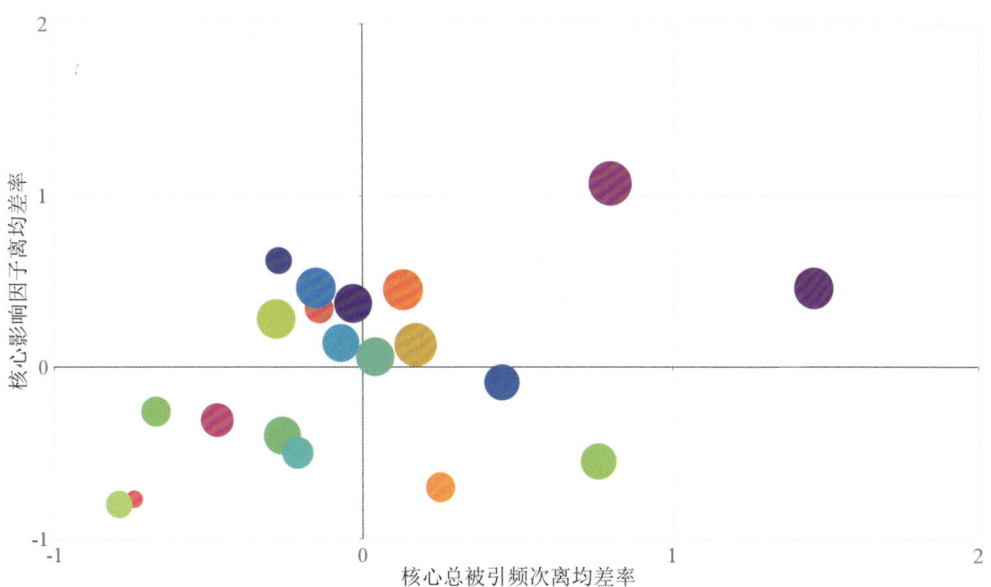

2023年艺术学类期刊核心总被引频次和核心影响因子离均差率的分布图
（节点大小表示综合评价总分）

2023年艺术学类期刊互引关系示意图

表 6-11　2023 年艺术学类期刊主要指标

CODE	刊名	核心总被引频次			核心影响因子			综合评价总分		学科扩散指标	学科影响指标	红点指标
		数值	排名	离均差率	数值	排名	离均差率	数值	排名			
S153	北京电影学院学报	293	9	−0.03	0.301	6	0.37	53.3	8	2.20	0.60	0.39
S160	当代电影	744	1	1.46	0.322	3	0.46	61.0	3	3.95	0.55	0.32
S169	电影艺术	544	2	0.80	0.456	1	1.07	70.4	1	3.20	0.70	0.40
S216	黄钟－武汉音乐学院学报	161	17	−0.47	0.151	14	−0.31	40.8	13	1.35	0.55	0.16
S221	交响－西安音乐学院学报	79	19	−0.74	0.050	19	−0.77	11.2	20	0.70	0.40	0.16
S248	美术研究	260	11	−0.14	0.294	7	0.34	30.8	17	2.75	0.40	0.14
S253	民族艺术	342	7	0.13	0.319	5	0.45	59.3	4	4.65	0.60	0.35
S263	人民音乐	378	5	0.25	0.067	18	−0.70	32.2	16	1.80	0.65	0.00
S329	文艺理论研究	353	6	0.17	0.248	10	0.13	67.1	2	5.05	0.60	0.27
S330	文艺理论与批评	216	16	−0.28	0.282	8	0.28	55.5	6	3.35	0.60	0.19
S331	文艺评论	64	20	−0.79	0.043	20	−0.80	27.0	18	1.75	0.25	0.06
S333	文艺争鸣	533	3	0.76	0.100	17	−0.55	46.9	12	5.35	0.75	0.00
S342	戏剧－中央戏剧学院学报	100	18	−0.67	0.162	13	−0.26	33.0	15	1.75	0.70	0.19
S588	现代电影技术	219	15	−0.27	0.357	2	0.62	26.7	19	1.00	0.20	0.36
S366	艺术百家	223	14	−0.26	0.132	15	−0.40	51.4	9	4.95	0.85	0.29
S367	音乐研究	314	8	0.04	0.232	11	0.06	53.6	7	1.50	0.55	0.13
S429	中国音乐	240	13	−0.21	0.109	16	−0.50	36.4	14	1.60	0.50	0.31
S430	中国音乐学	282	10	−0.07	0.250	9	0.14	51.2	10	1.20	0.55	0.08
S441	中央音乐学院学报	258	12	−0.15	0.320	4	0.46	59.0	5	1.20	0.45	0.17
S444	装饰	438	4	0.45	0.201	12	−0.09	47.0	11	6.40	0.35	0.29
	20 种期刊平均值	302			0.220							

历史学

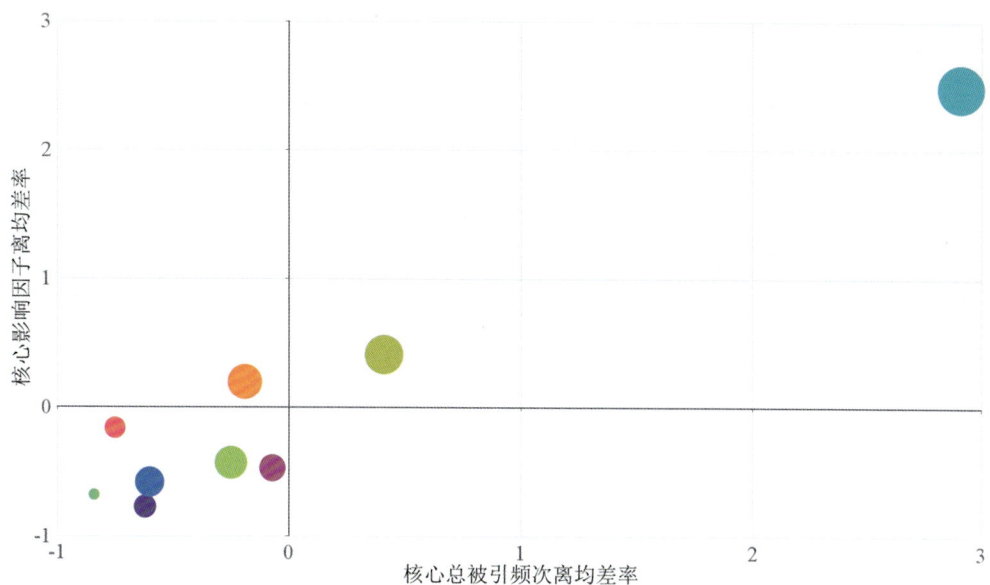

2023年历史学类期刊核心总被引频次和核心影响因子离均差率的分布图
（节点大小表示综合评价总分）

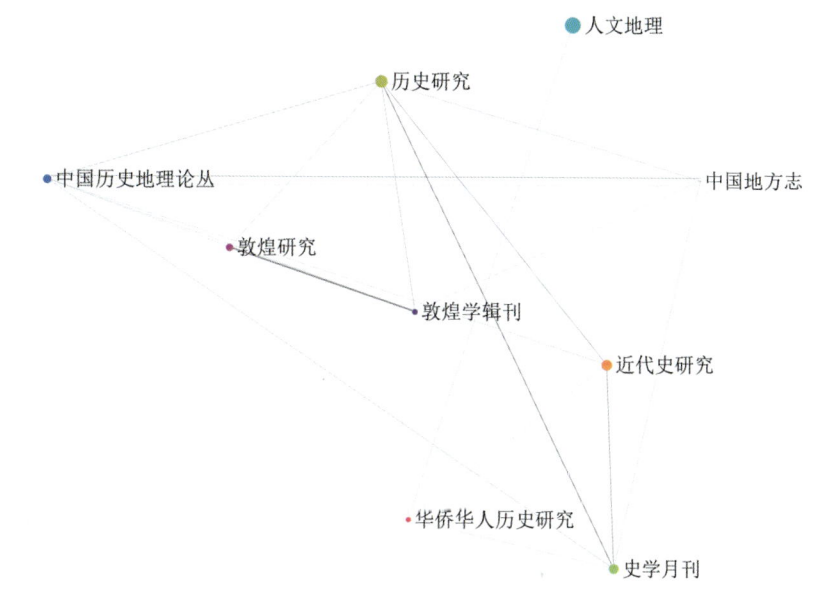

2023年历史学类期刊互引关系示意图

表 6-12 2023 年历史学类期刊主要指标

CODE	刊名	核心总被引频次			核心影响因子			综合评价总分		学科扩散指标	学科影响指标	红点指标
		数值	排名	离均差率	数值	排名	离均差率	数值	排名			
S175	敦煌学辑刊	283	7	−0.62	0.113	9	−0.77	19.1	7	5.89	0.56	0.25
S176	敦煌研究	698	3	−0.07	0.262	6	−0.47	26.4	6	11.56	0.67	0.32
S215	华侨华人历史研究	188	8	−0.75	0.413	4	−0.16	16.5	8	3.56	0.33	0.14
S228	近代史研究	602	4	−0.19	0.591	3	0.20	44.4	3	12.78	0.78	0.13
S240	历史研究	1056	2	0.41	0.696	2	0.41	55.0	2	20.00	0.89	0.16
S617	人文地理	2917	1	2.91	1.713	1	2.48	86.5	1	36.44	0.33	0.20
S278	史学月刊	560	5	−0.25	0.281	5	−0.43	38.7	4	17.78	0.78	0.18
S397	中国地方志	116	9	−0.84	0.158	8	−0.68	4.7	9	2.44	0.56	0.34
S618	中国历史地理论丛	301	6	−0.60	0.209	7	−0.58	32.5	5	10.44	0.78	0.08
	9 种期刊平均值	747			0.493							

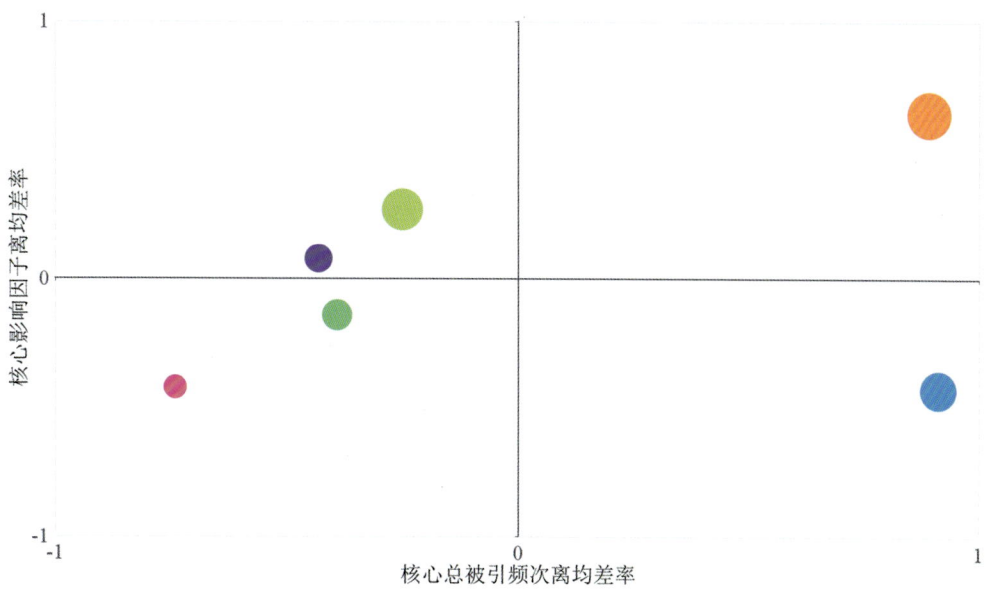

2023年考古学类期刊核心总被引频次和核心影响因子离均差率的分布图
（节点大小表示综合评价总分）

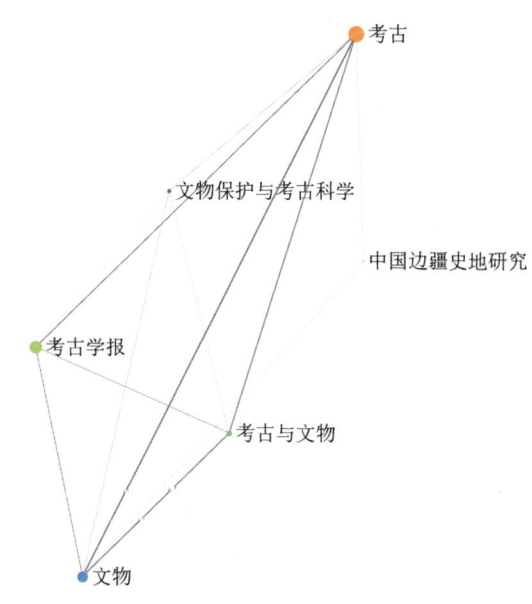

2023年考古学类期刊互引关系示意图

表 6-13　2023 年考古学类期刊主要指标

CODE	刊名	核心总被引频次			核心影响因子			综合评价总分		学科扩散指标	学科影响指标	红点指标
		数值	排名	离均差率	数值	排名	离均差率	数值	排名			
S808	考古	1784	2	0.89	0.584	1	0.64	77.9	1	21.33	1.00	0.14
S809	考古学报	713	3	−0.25	0.452	2	0.27	62.1	2	18.17	1.00	0.00
S810	考古与文物	581	4	−0.39	0.307	4	−0.14	34.3	4	14.50	1.00	0.32
S811	文物	1807	1	0.91	0.203	6	−0.43	54.0	3	26.33	1.00	0.00
A906	文物保护与考古科学	540	5	−0.43	0.383	3	0.08	29.1	5	19.50	0.33	0.22
S393	中国边疆史地研究	248	6	−0.74	0.208	5	−0.42	21.1	6	9.83	0.50	0.18
	6 种期刊平均值	946			0.356							

经济学综合

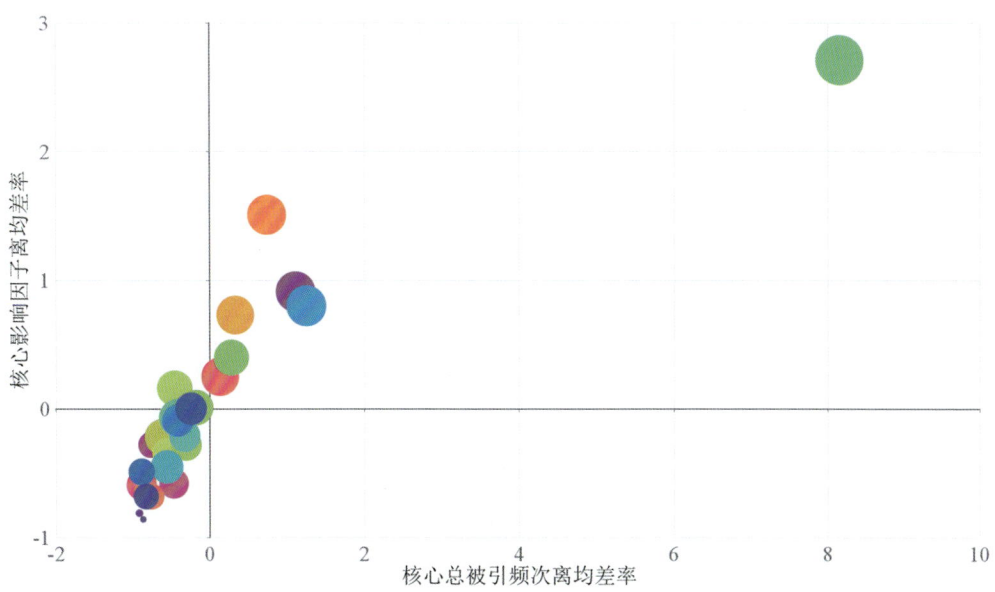

2023年经济学综合类期刊核心总被引频次和核心影响因子离均差率的分布图
（节点大小表示综合评价总分）

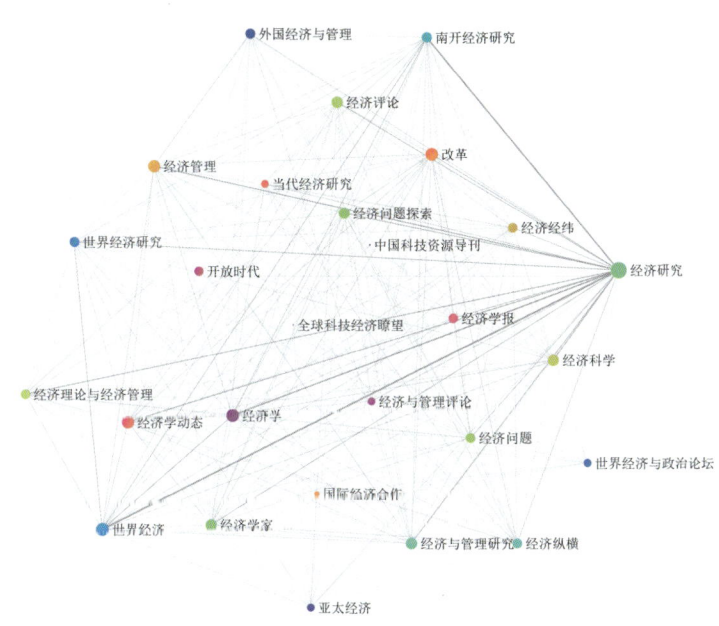

2023年经济学综合类期刊互引关系示意图

表 6-14　2023 年经济学综合类期刊主要指标

CODE	刊名	核心总被引频次			核心影响因子			综合评价总分		学科扩散指标	学科影响指标	红点指标
		数值	排名	离均差率	数值	排名	离均差率	数值	排名			
S740	当代经济研究	585	20	−0.76	0.815	25	−0.68	24.2	23	7.74	0.63	0.47
S743	改革	4324	4	0.74	6.402	2	1.51	57.2	4	17.19	1.00	0.60
S747	国际经济合作	303	24	−0.88	0.931	23	−0.64	11.1	25	5.44	0.37	0.49
S759	经济管理	3316	5	0.33	4.412	5	0.73	53.6	6	12.70	0.93	0.45
S760	经济经纬	1009	18	−0.59	2.075	13	−0.19	34.4	19	9.67	0.81	0.61
S761	经济科学	946	19	−0.62	1.985	15	−0.22	46.3	10	8.41	0.85	0.34
S762	经济理论与经济管理	1118	16	−0.55	1.649	18	−0.35	34.9	17	9.07	0.89	0.38
S764	经济评论	1347	14	−0.46	2.958	8	0.16	47.2	8	10.26	0.96	0.46
S768	经济问题	1720	10	−0.31	1.844	17	−0.28	35.7	16	13.56	0.81	0.52
S769	经济问题探索	2044	8	−0.18	2.579	9	0.01	44.6	11	13.85	0.85	0.66
S229	经济学	5242	3	1.11	4.885	3	0.91	58.9	3	13.22	0.96	0.24
S282	经济学报	269	25	−0.89	1.052	22	−0.59	34.6	18	4.63	0.70	0.33
S721	经济学动态	2810	7	0.13	3.182	7	0.25	54.2	5	12.93	0.96	0.36
S771	经济学家	3174	6	0.28	3.581	6	0.40	46.5	9	13.78	0.93	0.51
S772	经济研究	22778	1	8.16	9.462	1	2.71	90.5	1	18.04	0.96	0.38
S230	经济与管理评论	578	21	−0.77	1.851	16	−0.28	24.4	22	7.56	0.70	0.50
S773	经济与管理研究	1418	13	−0.43	2.373	11	−0.07	49.4	7	12.11	0.93	0.58
S774	经济纵横	1676	11	−0.33	2.009	14	−0.21	36.9	15	13.67	0.89	0.46
S234	开放时代	1322	15	−0.47	1.070	21	−0.58	32.6	20	8.59	0.30	0.12
S777	南开经济研究	1106	17	−0.56	1.394	19	−0.45	39.8	12	8.85	0.85	0.37
S106	全球科技经济瞭望	312	23	−0.87	0.366	27	−0.86	1.6	27	3.67	0.15	0.43
S785	世界经济	5601	2	1.25	4.594	4	0.80	59.5	2	11.37	0.93	0.29
S787	世界经济研究	1442	12	−0.42	2.313	12	−0.09	38.1	14	8.11	0.85	0.49
S789	世界经济与政治论坛	266	26	−0.89	1.302	20	−0.49	26.3	21	4.04	0.52	0.28
S795	外国经济与管理	1862	9	−0.25	2.562	10	0.00	38.3	13	10.59	0.78	0.37
S799	亚太经济	412	22	−0.83	0.816	24	−0.68	24.0	24	5.67	0.74	0.42
S133	中国科技资源导刊	193	27	−0.92	0.477	26	−0.81	2.4	26	2.63	0.07	0.11
	27 种期刊平均值	2488			2.553							

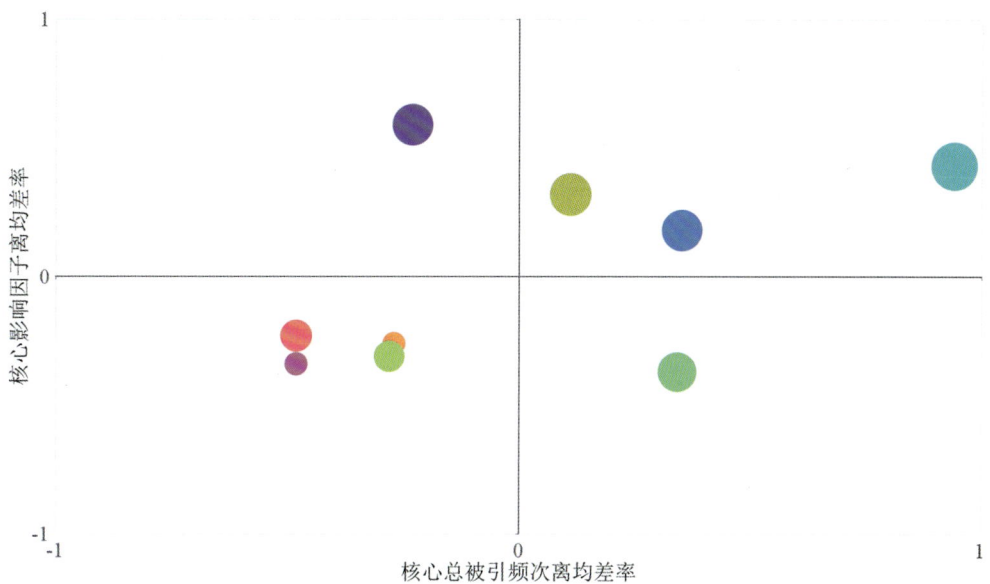

2023年经济大学学报类期刊核心总被引频次和核心影响因子离均差率的分布图
（节点大小表示综合评价总分）

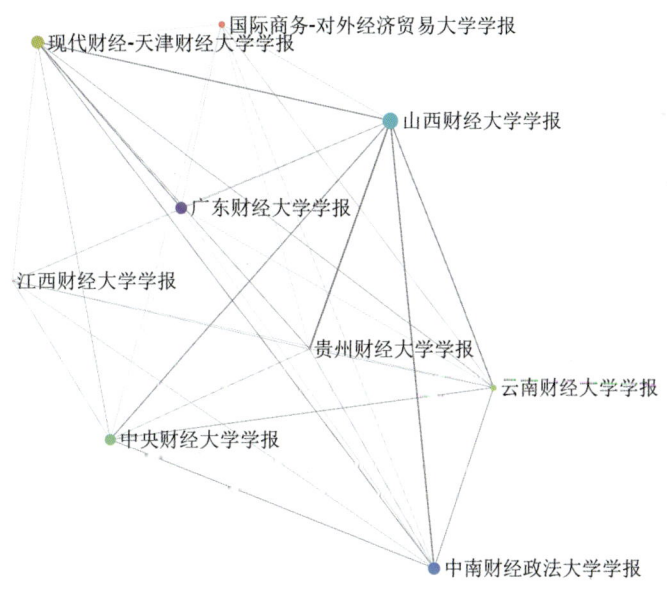

2023年经济大学学报类期刊互引关系示意图

表 6-15　2023 年经济大学学报类期刊主要指标

CODE	刊名	核心总被引频次			核心影响因子			综合评价总分		学科扩散指标	学科影响指标	红点指标
		数值	排名	离均差率	数值	排名	离均差率	数值	排名			
S188	广东财经大学学报	486	5	−0.23	2.464	1	0.59	61.6	4	20.11	0.89	0.53
S190	贵州财经大学学报	324	9	−0.48	1.031	8	−0.34	19.6	9	15.11	0.89	0.38
S192	国际商务－对外经济贸易大学学报	328	8	−0.48	1.196	5	−0.23	37.3	6	14.33	0.89	0.45
S220	江西财经大学学报	457	6	−0.27	1.142	6	−0.26	19.8	8	21.44	0.78	0.17
S961	山西财经大学学报	1221	1	0.94	2.220	2	0.43	83.2	1	28.56	1.00	0.48
S343	现代财经－天津财经大学学报	695	4	0.11	2.050	3	0.32	65.1	2	21.78	1.00	0.46
S372	云南财经大学学报	454	7	−0.28	1.067	7	−0.31	35.3	7	20.89	0.67	0.37
S992	中南财经政法大学学报	851	2	0.35	1.828	4	0.18	62.5	3	25.89	1.00	0.49
S440	中央财经大学学报	839	3	0.34	0.976	9	−0.37	56.9	5	27.78	1.00	0.20
	9 种期刊平均值	628			1.553							

国民经济学、管理经济学、数量经济学

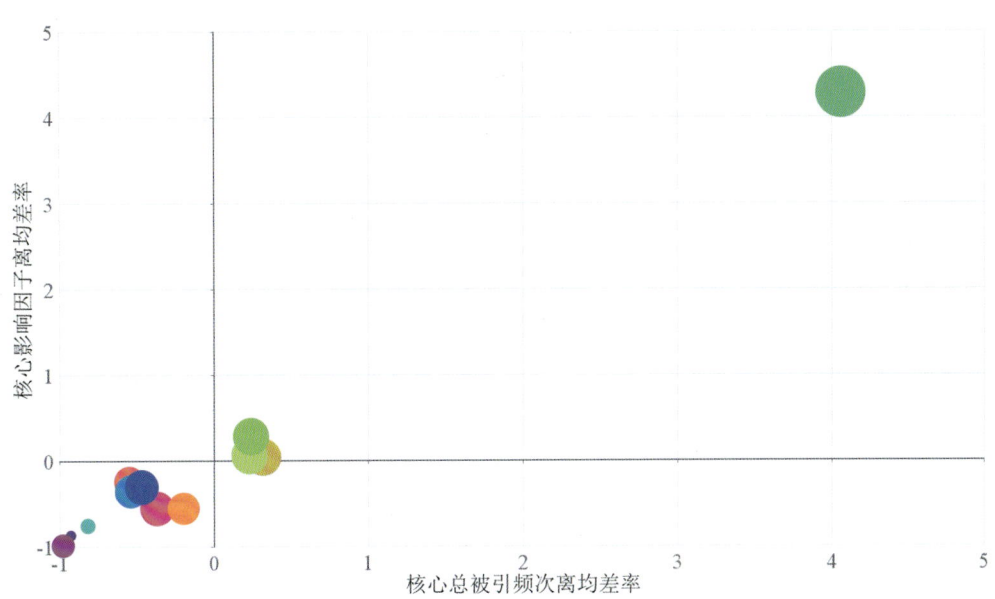

2023 年国民经济学、管理经济学、数量经济学类期刊核心总被引频次和核心影响因子离均差率的分布图
（节点大小表示综合评价总分）

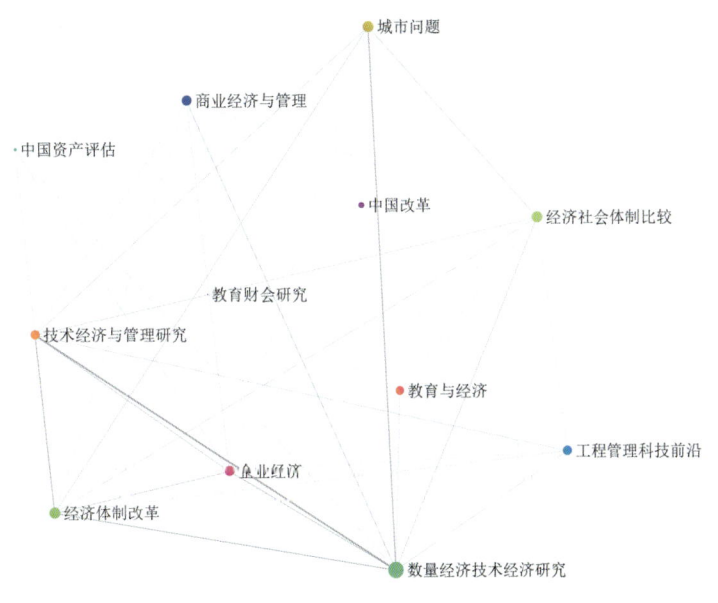

2023 年国民经济学、管理经济学、数量经济学类期刊互引关系示意图

表 6-16 2023年国民经济学、管理经济学、数量经济学类期刊主要指标

CODE	刊名	核心总被引频次			核心影响因子			综合评价总分		学科扩散指标	学科影响指标	红点指标
		数值	排名	离均差率	数值	排名	离均差率	数值	排名			
S737	城市问题	1381	2	0.32	1.504	4	0.04	48.9	4	28.33	0.42	0.33
S822	工程管理科技前沿	480	8	−0.54	0.935	7	−0.36	39.3	7	13.83	0.67	0.22
S719	技术经济与管理研究	836	5	−0.20	0.640	9	−0.56	37.7	8	22.33	0.67	0.70
S223	教育财会研究	75	11	−0.93	0.185	11	−0.87	4.0	12	1.33	0.08	0.24
S683	教育与经济	475	9	−0.55	1.087	5	−0.25	35.4	9	10.92	0.42	0.14
S765	经济社会体制比较	1291	4	0.23	1.535	3	0.06	50.4	2	25.75	0.83	0.24
S767	经济体制改革	1302	3	0.24	1.852	2	0.28	50.2	3	26.58	0.67	0.47
S639	企业经济	657	6	−0.37	0.641	8	−0.56	43.6	6	22.33	0.42	0.46
S834	商业经济与管理	558	7	−0.47	1.006	6	−0.31	44.4	5	16.92	0.58	0.24
S790	数量经济技术经济研究	5298	1	4.06	7.670	1	4.28	95.5	1	36.17	0.83	0.38
S401	中国改革	20	12	−0.98	0.011	12	−0.99	19.9	10	1.67	0.08	0.00
S807	中国资产评估	190	10	−0.82	0.353	10	−0.76	8.7	11	3.17	0.25	0.48
	12种期刊平均值	1047			1.452							

表 6-17 2023年会计学、审计学类期刊主要指标

CODE	刊名	核心总被引频次			核心影响因子			综合评价总分		学科扩散指标	学科影响指标	红点指标
		数值	排名	离均差率	数值	排名	离均差率	数值	排名			
S782	审计研究	1181	1	—	2.264	1	—	—	—	—	—	—
	1种期刊平均值	1181			2.264							

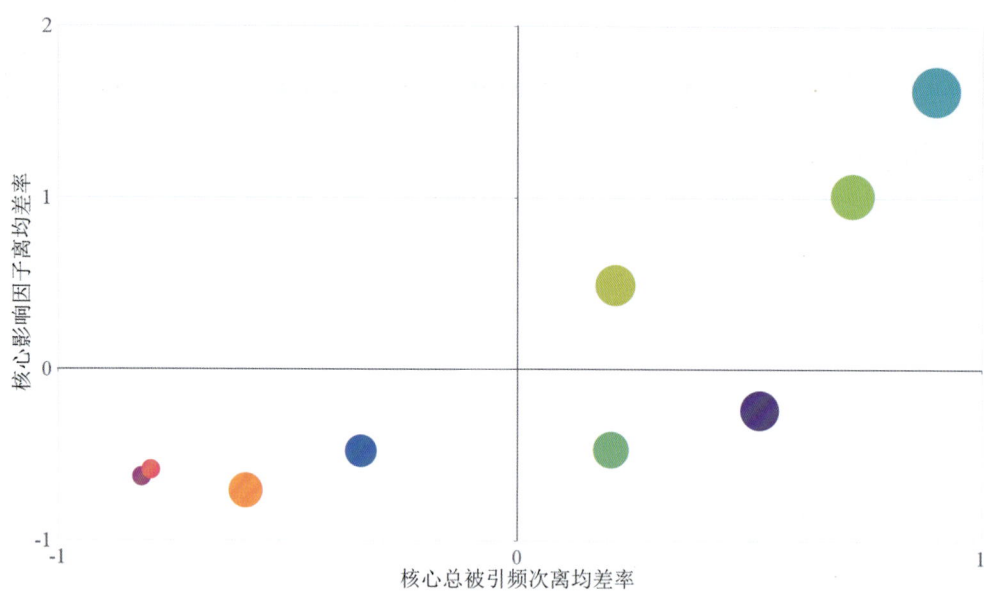

2023年生态农业经济学类期刊核心总被引频次和核心影响因子离均差率的分布图
（节点大小表示综合评价总分）

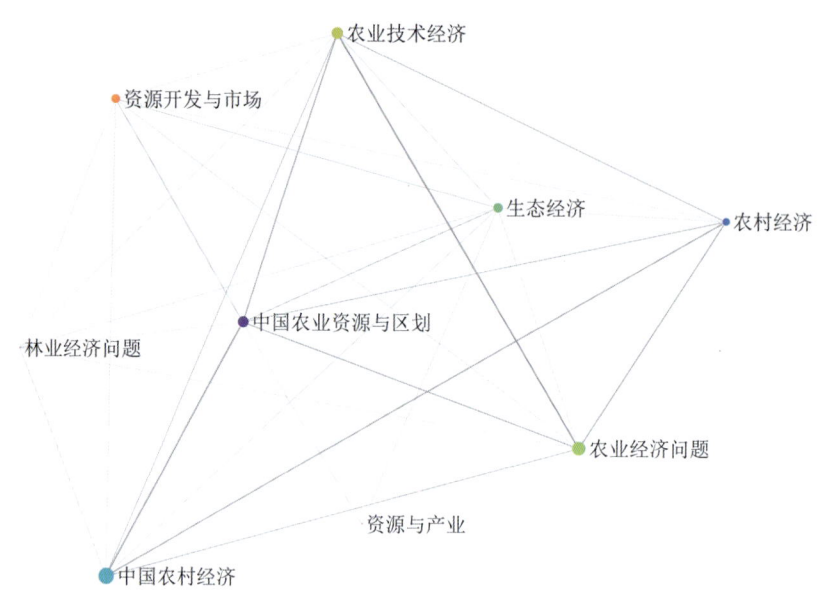

2023年生态农业经济学类期刊互引关系示意图

表 6-18　2023 年生态农业经济学类期刊主要指标

CODE	刊名	核心总被引频次			核心影响因子			综合评价总分		学科扩散指标	学科影响指标	红点指标
		数值	排名	离均差率	数值	排名	离均差率	数值	排名			
S242	林业经济问题	474	9	−0.82	1.025	8	−0.63	13.5	8	11.00	0.78	0.17
S839	农村经济	1713	6	−0.34	1.453	6	−0.48	37.8	7	36.78	1.00	0.38
S778	农业技术经济	3167	4	0.21	4.178	3	0.49	59.8	3	37.22	1.00	0.17
S779	农业经济问题	4487	2	0.72	5.625	2	1.01	71.9	2	47.33	1.00	0.41
S784	生态经济	3142	5	0.20	1.491	5	−0.47	47.9	5	62.89	1.00	0.44
S804	中国农村经济	4958	1	0.90	7.342	1	1.62	90.3	1	46.44	1.00	0.39
H221	中国农业资源与区划	3980	3	0.52	2.142	4	−0.24	56.1	4	52.00	1.00	0.45
S728	资源开发与市场	1068	7	−0.59	0.813	9	−0.71	43.6	6	38.22	1.00	0.46
S446	资源与产业	520	8	−0.80	1.145	7	−0.59	13.4	9	21.22	0.56	0.36
	9 种期刊平均值	2612			2.802							

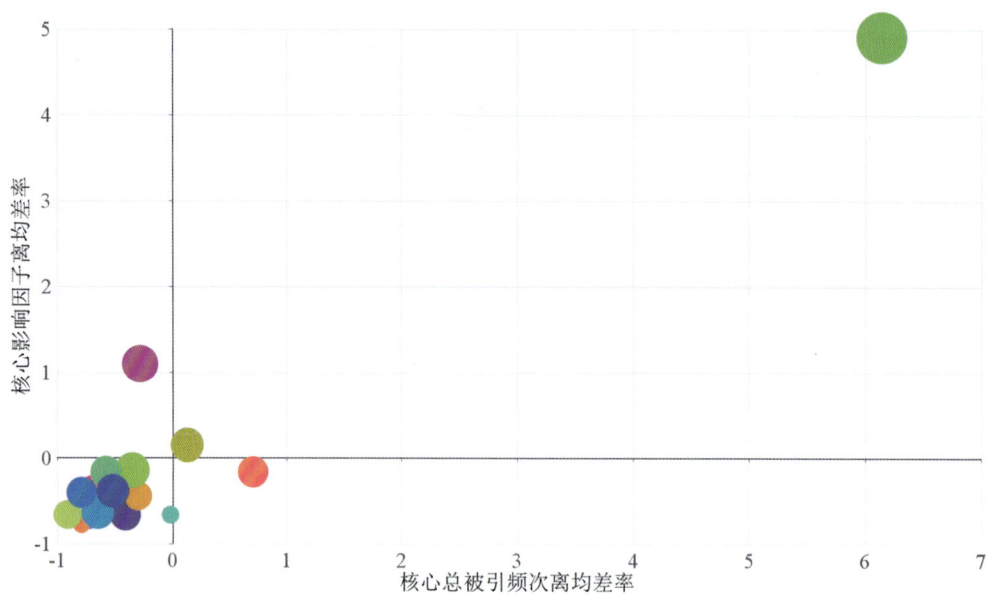

2023年工商业经济学类期刊核心总被引频次和核心影响因子离均差率的分布图
（节点大小表示综合评价总分）

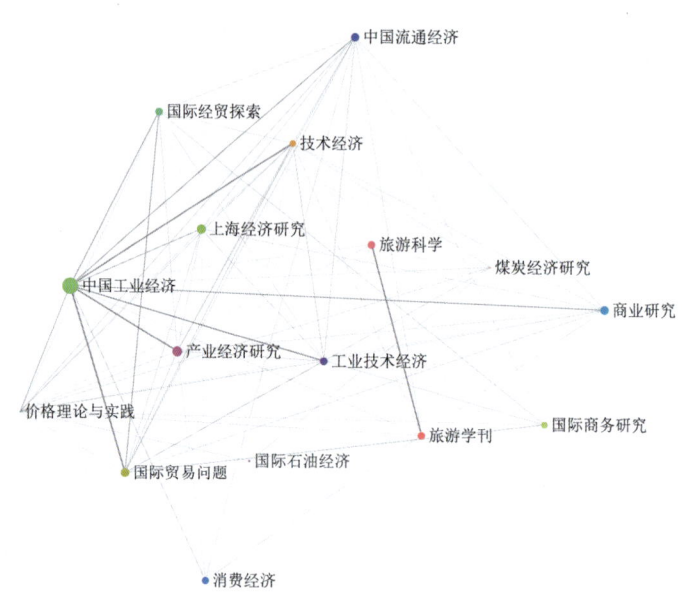

2023年工商业经济学类期刊互引关系示意图

表 6-19　2023 年工商业经济学类期刊主要指标

CODE	刊名	核心总被引频次			核心影响因子			综合评价总分		学科扩散指标	学科影响指标	红点指标
		数值	排名	离均差率	数值	排名	离均差率	数值	排名			
S159	产业经济研究	1462	5	−0.28	5.258	2	1.10	50.0	2	13.69	0.94	0.71
J067	工业技术经济	1182	8	−0.41	0.847	13	−0.66	36.5	7	19.31	0.81	0.69
S831	国际经贸探索	853	10	−0.58	2.113	5	−0.16	36.3	8	11.50	0.75	0.45
S750	国际贸易问题	2273	3	0.13	2.869	3	0.15	43.1	4	15.50	0.88	0.45
S751	国际商务研究	185	16	−0.91	0.841	14	−0.66	30.5	12	6.38	0.63	0.35
L042	国际石油经济	573	13	−0.72	0.712	15	−0.72	12.6	14	10.38	0.31	0.29
S718	技术经济	1421	6	−0.30	1.404	10	−0.44	29.7	13	20.31	0.88	0.50
S832	价格理论与实践	1976	4	−0.02	0.856	12	−0.66	12.0	15	24.44	0.88	0.35
S245	旅游科学	645	12	−0.68	1.563	7	−0.38	36.1	9	8.19	0.19	0.17
S616	旅游学刊	3449	2	0.71	2.108	6	−0.16	35.1	10	17.81	0.50	0.07
S637	煤炭经济研究	430	14	−0.79	0.546	16	−0.78	10.1	16	7.75	0.25	0.50
S835	商业研究	711	11	−0.65	0.919	11	−0.63	41.7	5	16.19	0.94	0.65
S781	上海经济研究	1318	7	−0.35	2.151	4	−0.14	44.9	3	18.75	0.81	0.48
S836	消费经济	430	15	−0.79	1.510	9	−0.40	34.6	11	9.75	0.56	0.47
S800	中国工业经济	14398	1	6.14	14.781	1	4.91	95.5	1	28.44	0.94	0.44
S838	中国流通经济	960	9	−0.52	1.545	8	−0.38	39.9	6	18.06	0.88	0.55
	16 种期刊平均值	2017			2.501							

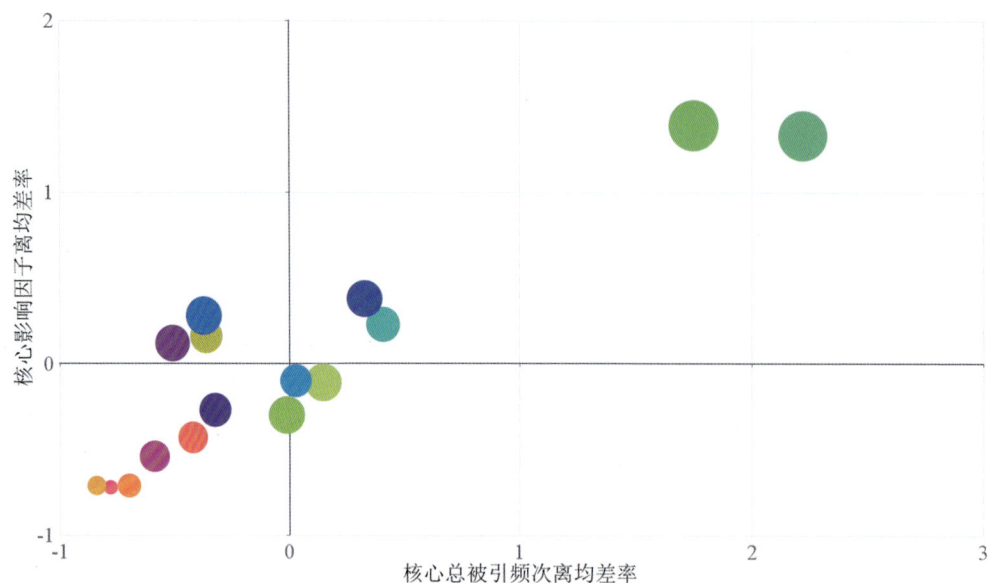

2023年财政学、金融学、保险学类期刊核心总被引频次和核心影响因子离均差率的分布图
（节点大小表示综合评价总分）

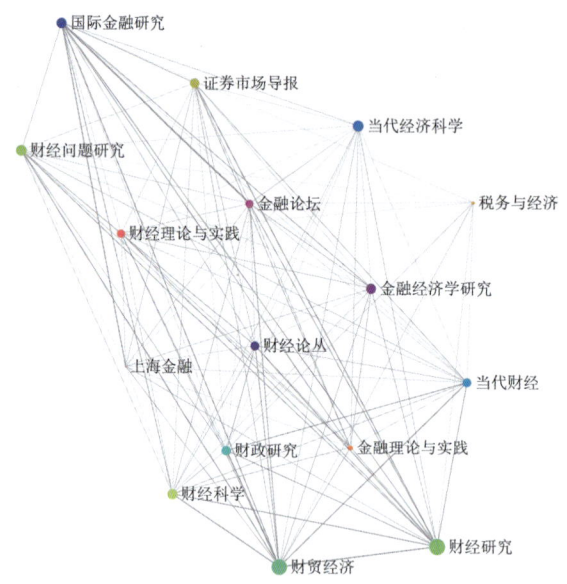

2023年财政学、金融学、保险学类期刊互引关系示意图

表 6-20　2023 年财政学、金融学、保险学类期刊主要指标

CODE	刊名	核心总被引频次			核心影响因子			综合评价总分		学科扩散指标	学科影响指标	红点指标
		数值	排名	离均差率	数值	排名	离均差率	数值	排名			
S731	财经科学	1453	5	0.15	1.782	9	−0.11	50.5	4	17.81	1.00	0.44
S647	财经理论与实践	730	11	−0.42	1.139	12	−0.43	36.0	12	13.19	0.94	0.34
S147	财经论丛	859	8	−0.32	1.461	10	−0.27	41.2	10	13.38	1.00	0.38
S732	财经问题研究	1244	7	−0.01	1.403	11	−0.30	50.1	5	18.81	1.00	0.33
S733	财经研究	3472	2	1.75	4.764	1	1.39	92.5	1	21.13	1.00	0.30
S734	财贸经济	4069	1	2.22	4.656	2	1.33	89.7	2	19.50	1.00	0.23
S735	财政研究	1783	3	0.41	2.447	5	0.23	44.1	8	16.06	1.00	0.23
S738	当代财经	1303	6	0.03	1.806	8	−0.10	39.0	11	14.88	1.00	0.47
S739	当代经济科学	801	10	−0.37	2.556	4	0.28	52.6	3	14.44	1.00	0.55
S746	国际金融研究	1679	4	0.33	2.763	3	0.38	48.3	6	11.06	1.00	0.49
S226	金融经济学研究	618	12	−0.51	2.228	7	0.12	47.6	7	10.50	0.94	0.53
S652	金融理论与实践	383	14	−0.70	0.580	14	−0.71	20.5	14	10.00	0.88	0.63
S227	金融论坛	512	13	−0.59	0.911	13	−0.54	35.2	13	9.50	0.94	0.52
S268	上海金融	274	15	−0.78	0.563	16	−0.72	7.7	16	7.06	0.88	0.31
S656	税务与经济	205	16	−0.84	0.569	15	−0.71	13.6	15	6.13	0.56	0.31
S659	证券市场导报	810	9	−0.36	2.306	6	0.16	42.0	9	9.88	1.00	0.43
	16 种期刊平均值	1262			1.996							

政治学综合

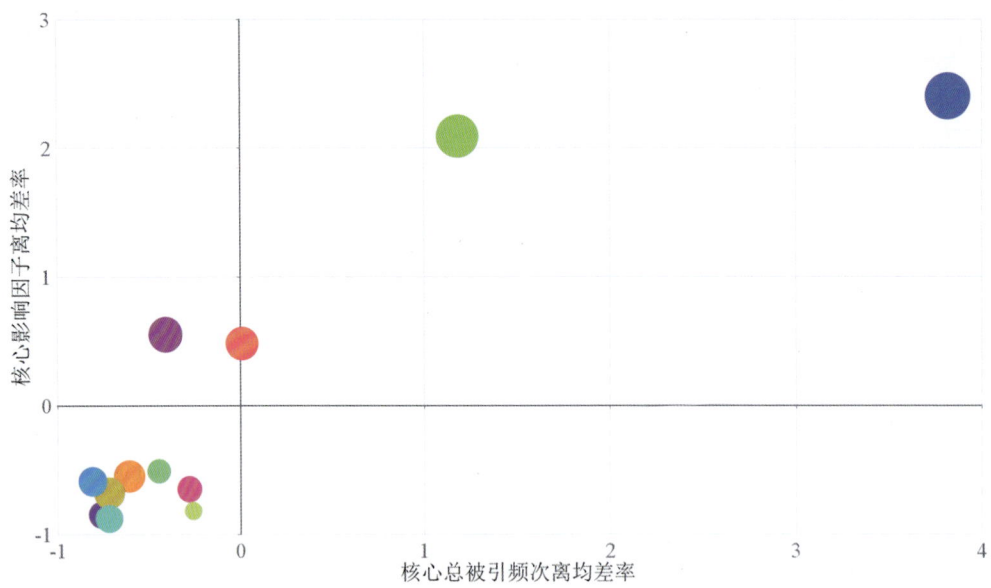

2023年政治学综合类期刊核心总被引频次和核心影响因子离均差率的分布图
（节点大小表示综合评价总分）

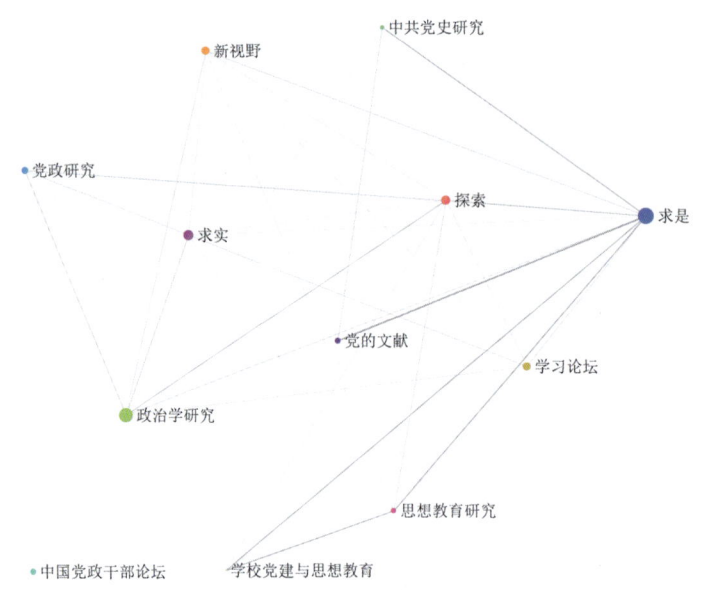

2023年政治学综合类期刊互引关系示意图

表 6-21　2023 年政治学综合类期刊主要指标

CODE	刊名	核心总被引频次			核心影响因子			综合评价总分		学科扩散指标	学科影响指标	红点指标
		数值	排名	离均差率	数值	排名	离均差率	数值	排名			
S167	党的文献	193	11	−0.76	0.179	11	−0.85	27.0	9	8.33	0.67	0.61
S597	党政研究	157	12	−0.81	0.475	7	−0.59	31.4	7	7.08	0.25	0.53
S261	求实	473	6	−0.41	1.787	3	0.55	45.5	3	16.92	0.58	0.64
S956	求是	3889	1	3.82	3.930	1	2.40	78.6	1	33.25	0.83	0.00
S290	思想教育研究	582	5	−0.28	0.405	8	−0.65	25.1	10	14.42	0.58	0.62
S297	探索	816	3	0.01	1.715	4	0.48	40.0	4	16.92	0.67	0.60
S350	新视野	318	8	−0.61	0.524	6	−0.55	37.3	5	14.83	0.67	0.37
S361	学习论坛	227	9	−0.72	0.369	9	−0.68	36.0	6	11.08	0.67	0.44
S363	学校党建与思想教育	597	4	−0.26	0.209	10	−0.82	12.3	12	12.42	0.33	0.76
S382	政治学研究	1759	2	1.18	3.576	2	2.09	66.7	2	23.00	0.75	0.34
S386	中共党史研究	441	7	−0.45	0.571	5	−0.51	21.2	11	10.00	0.67	0.03
S396	中国党政干部论坛	222	10	−0.72	0.137	12	−0.88	28.5	8	12.50	0.50	0.10
	12 种期刊平均值	806			1.156							

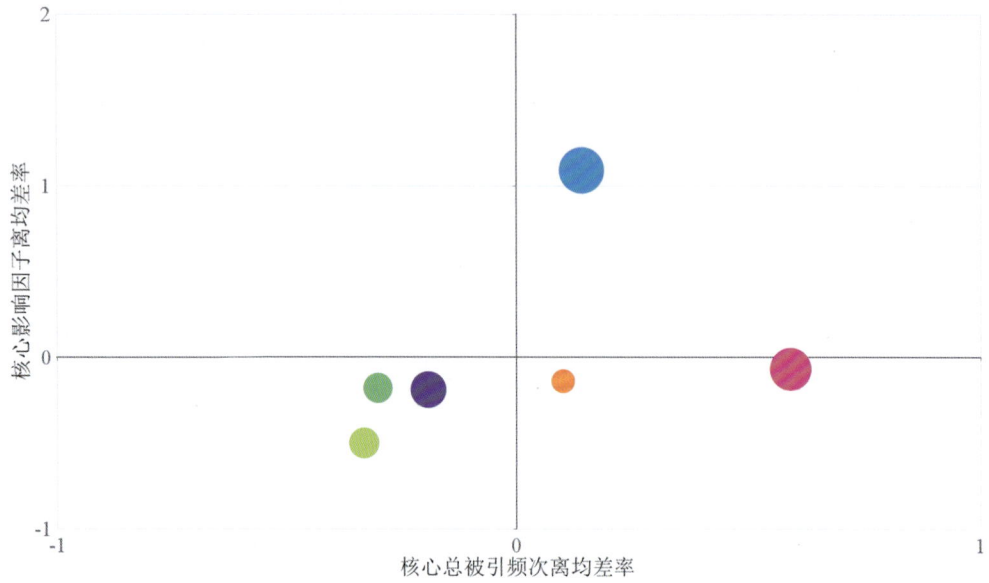

2023年政治大学学报类期刊核心总被引频次和核心影响因子离均差率的分布图
（节点大小表示综合评价总分）

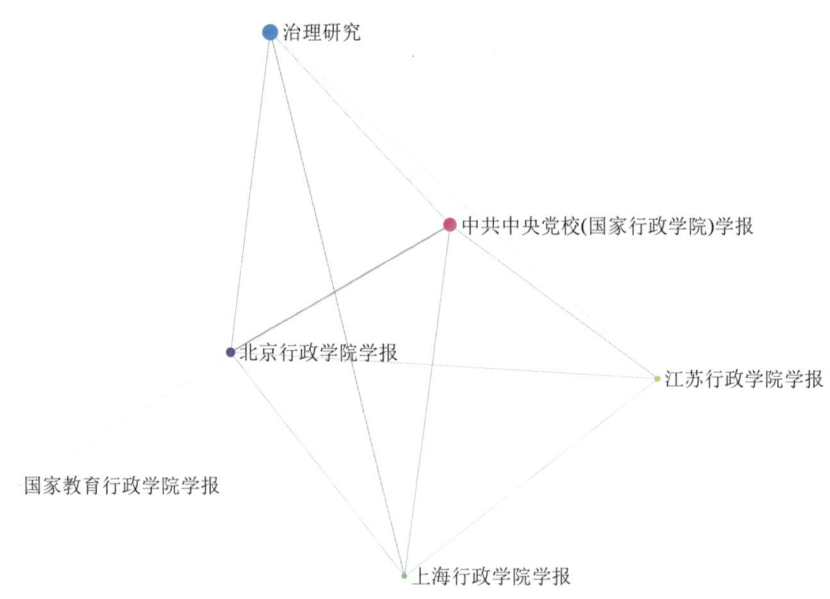

2023年政治大学学报类期刊互引关系示意图

表 6-22　2023 年政治大学学报类期刊主要指标

CODE	刊名	核心总被引频次			核心影响因子			综合评价总分		学科扩散指标	学科影响指标	红点指标
		数值	排名	离均差率	数值	排名	离均差率	数值	排名			
S156	北京行政学院学报	503	4	−0.19	0.952	5	−0.19	47.6	3	36.67	0.67	0.41
S195	国家教育行政学院学报	679	3	0.10	1.011	3	−0.14	20.1	6	27.83	0.67	0.28
S219	江苏行政学院学报	414	6	−0.33	0.593	6	−0.50	34.0	4	34.00	1.00	0.27
S267	上海行政学院学报	434	5	−0.30	0.964	4	−0.18	32.2	5	29.33	1.00	0.21
S390	治理研究	704	2	0.14	2.458	1	1.09	76.9	1	41.33	0.83	0.42
S193	中共中央党校（国家行政学院）学报	984	1	0.59	1.094	2	−0.07	65.2	2	51.83	1.00	0.31
	6 种期刊平均值	620			1.179							

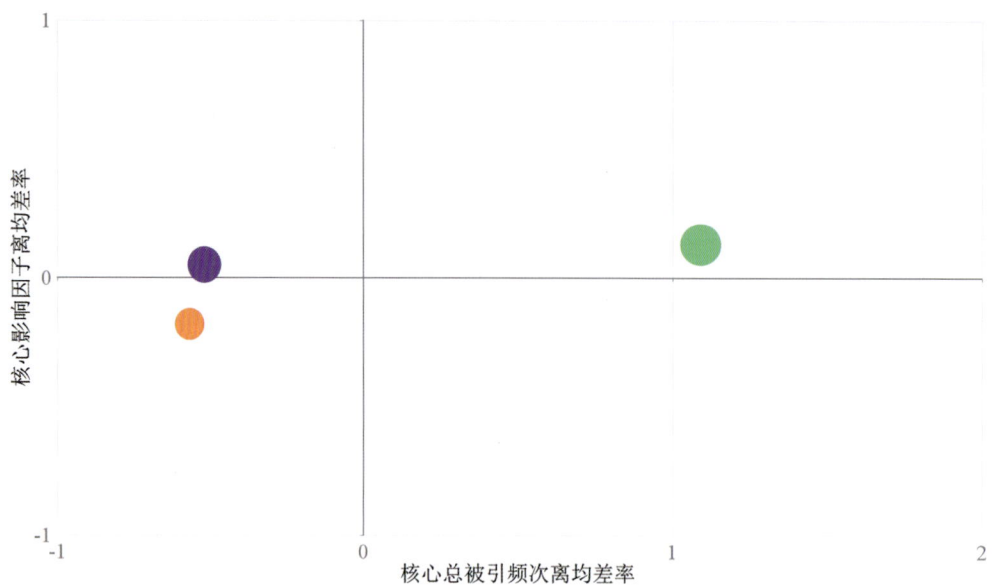

2023 年行政学类期刊核心总被引频次和核心影响因子离均差率的分布图
（节点大小表示综合评价总分）

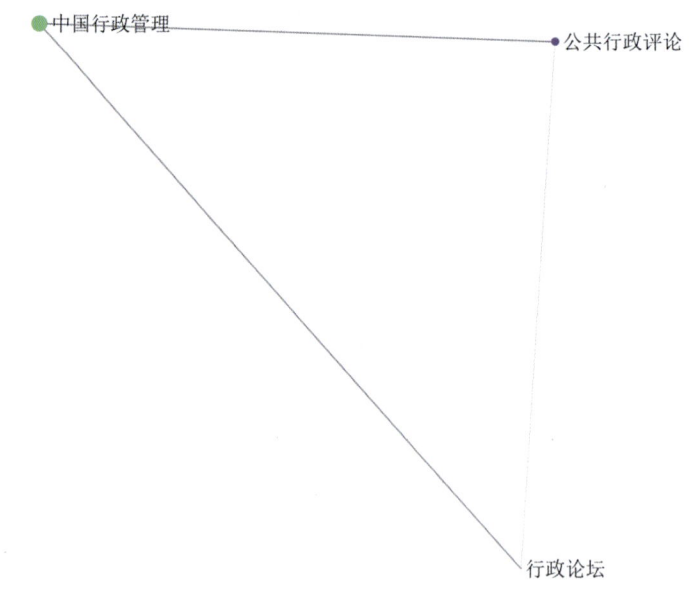

2023 年行政学类期刊互引关系示意图

表 6-23　2023年行政学类期刊主要指标

CODE	刊名	核心总被引频次			核心影响因子			综合评价总分			学科扩散指标	学科影响指标	红点指标
		数值	排名	离均差率	数值	排名	离均差率	数值	排名				
S183	公共行政评论	928	2	−0.52	1.748	2	0.05	47.5	2		83.33	1.00	0.18
S201	行政论坛	840	3	−0.57	1.370	3	−0.18	36.4	3		80.67	1.00	0.34
S405	中国行政管理	4044	1	1.09	1.873	1	0.13	62.0	1		150.33	1.00	0.24
	3种期刊平均值	1937			1.664								

国际政治学、外交学

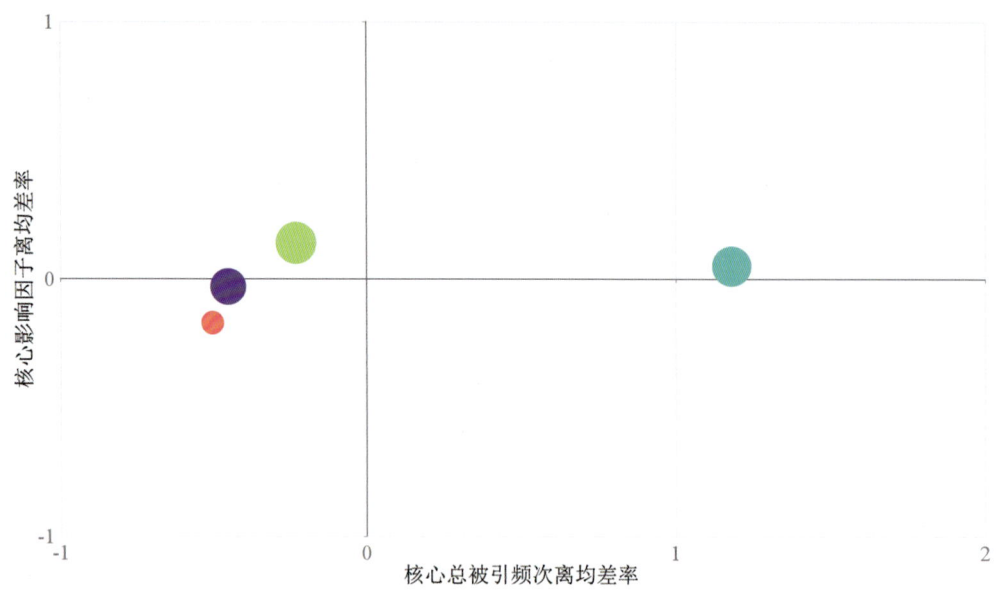

2023年国际政治学、外交学类期刊核心总被引频次和核心影响因子离均差率的分布图
（节点大小表示综合评价总分）

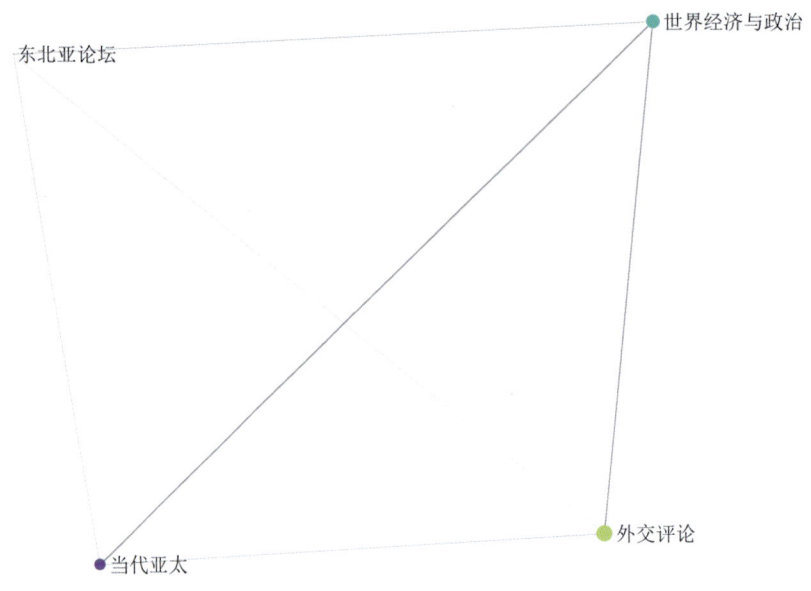

2023年国际政治学、外交学类期刊互引关系示意图

表 6-24 2023年国际政治学、外交学类期刊主要指标

CODE	刊名	核心总被引频次			核心影响因子			综合评价总分		学科扩散指标	学科影响指标	红点指标
		数值	排名	离均差率	数值	排名	离均差率	数值	排名			
S164	当代亚太	337	3	−0.45	1.600	3	−0.03	47.5	3	19.75	1.00	0.23
S171	东北亚论坛	303	4	−0.50	1.365	4	−0.17	20.0	4	26.50	1.00	0.46
S788	世界经济与政治	1331	1	1.18	1.723	2	0.05	57.5	2	51.50	1.00	0.17
S320	外交评论	471	2	−0.23	1.877	1	0.14	64.4	1	30.75	1.00	0.36
	4种期刊平均值	611			1.641							

法学综合

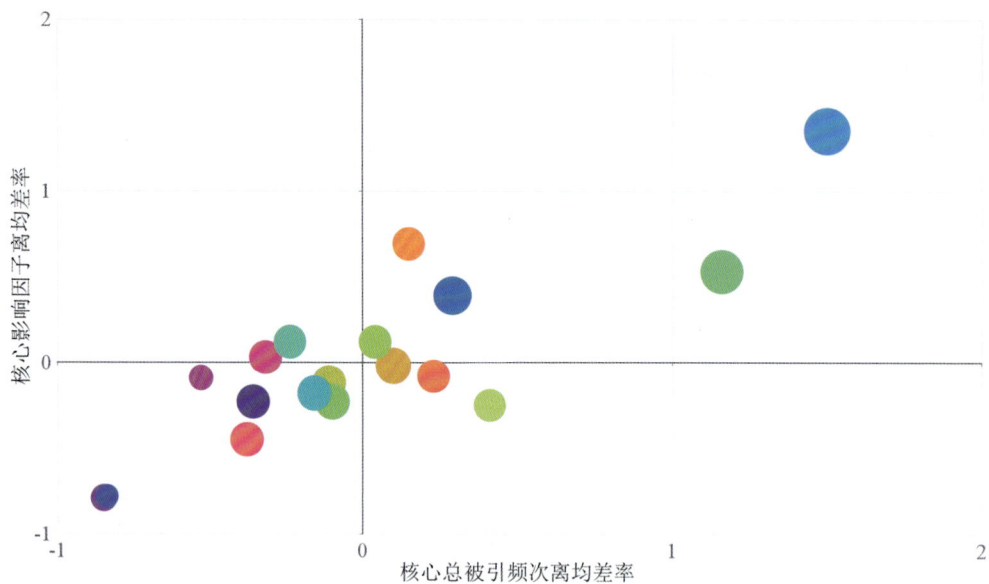

2023年法学综合类期刊核心总被引频次和核心影响因子离均差率的分布图
（节点大小表示综合评价总分）

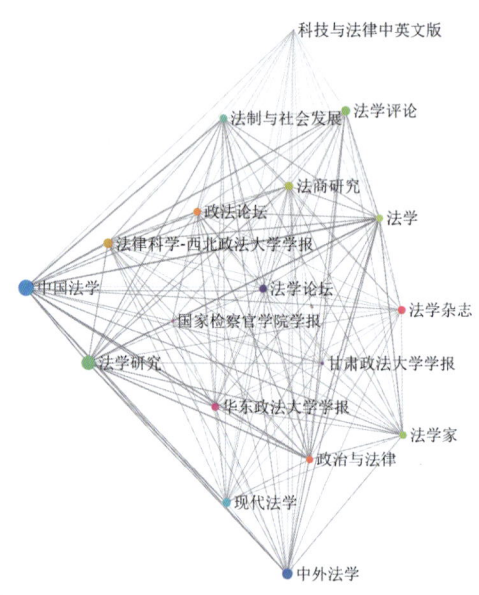

2023年法学综合类期刊互引关系示意图

表 6-25　2023 年法学综合类期刊主要指标

CODE	刊名	核心总被引频次			核心影响因子			综合评价总分		学科扩散指标	学科影响指标	红点指标
		数值	排名	离均差率	数值	排名	离均差率	数值	排名			
S621	法律科学－西北政法大学学报	1724	7	0.10	2.283	8	−0.02	47.9	4	11.50	1.00	0.46
S622	法商研究	1400	10	−0.11	2.065	11	−0.12	44.0	7	10.06	1.00	0.27
S623	法学	2213	3	0.41	1.758	15	−0.25	38.5	15	12.72	1.00	0.27
S624	法学家	1637	8	0.04	2.622	6	0.12	40.7	12	9.39	1.00	0.18
S178	法学论坛	998	14	−0.36	1.806	13	−0.23	41.8	9	10.39	1.00	0.21
S625	法学评论	1415	9	−0.10	1.792	14	−0.23	46.7	5	11.83	1.00	0.28
S626	法学研究	3387	2	1.16	3.572	3	0.53	69.1	2	13.39	1.00	0.33
S319	法学杂志	977	15	−0.38	1.287	16	−0.45	42.4	8	11.06	1.00	0.33
S627	法制与社会发展	1194	12	−0.24	2.633	5	0.12	41.3	10	9.61	1.00	0.43
S181	甘肃政法大学学报	234	18	−0.85	0.486	18	−0.79	26.6	16	5.00	1.00	0.13
S194	国家检察官学院学报	730	16	−0.53	2.121	10	−0.09	24.1	17	5.67	1.00	0.32
S214	华东政法大学学报	1061	13	−0.32	2.419	7	0.03	41.0	11	9.61	1.00	0.41
W027	科技与法律中英文版	258	17	−0.84	0.524	17	−0.78	20.1	18	6.33	0.94	0.43
S630	现代法学	1323	11	−0.16	1.909	12	−0.18	45.4	6	9.89	1.00	0.31
S619	政法论坛	1803	6	0.15	3.966	2	0.69	40.4	13	10.11	1.00	0.35
S383	政治与法律	1928	5	0.23	2.143	9	−0.08	39.4	14	11.22	1.00	0.27
S633	中国法学	3922	1	1.50	5.506	1	1.35	79.6	1	14.72	1.00	0.37
S634	中外法学	2023	4	0.29	3.251	4	0.39	53.0	3	10.89	1.00	0.20
	18 种期刊平均值	1568			2.341							

部门法学、刑事侦查学、司法鉴定学

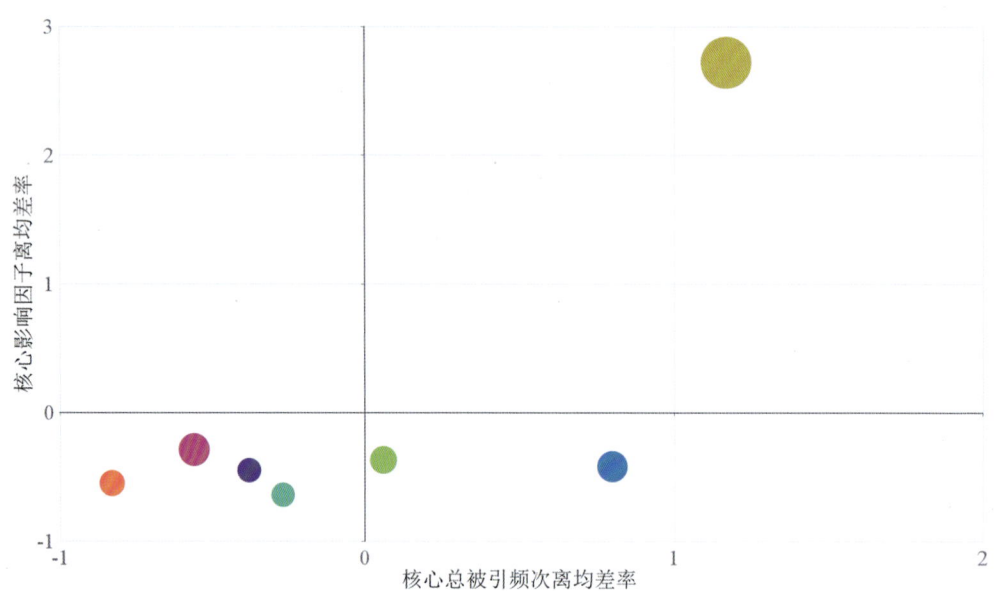

2023年部门法学、刑事侦查学、司法鉴定学类期刊核心总被引频次和核心影响因子离均差率的分布图
（节点大小表示综合评价总分）

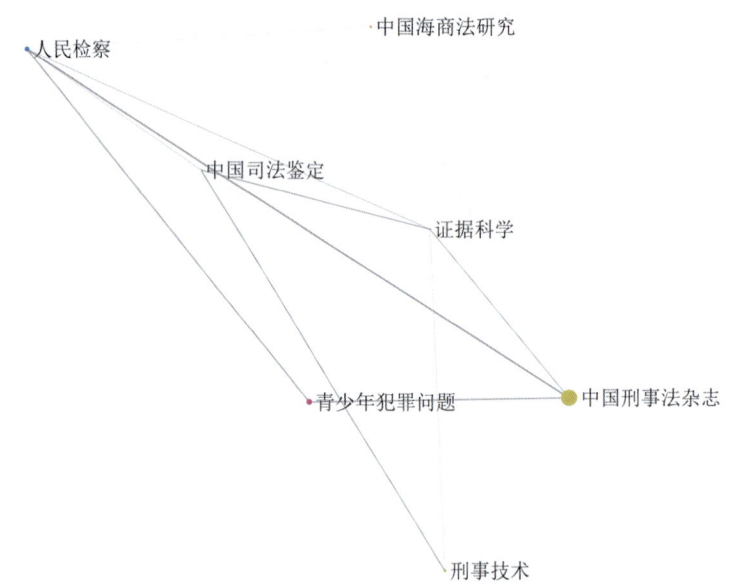

2023年部门法学、刑事侦查学、司法鉴定学类期刊互引关系示意图

表 6-26 2023 年部门法学、刑事侦查学、司法鉴定学类期刊主要指标

CODE	刊名	核心总被引频次			核心影响因子			综合评价总分		学科扩散指标	学科影响指标	红点指标
		数值	排名	离均差率	数值	排名	离均差率	数值	排名			
S260	青少年犯罪问题	219	6	−0.56	0.702	2	−0.29	38.9	2	9.00	0.57	0.14
S628	人民检察	888	2	0.80	0.572	4	−0.42	34.6	3	12.00	0.86	0.15
S582	刑事技术	523	3	0.06	0.620	3	−0.37	27.5	4	11.14	0.43	0.33
G352	证据科学	304	5	−0.38	0.539	5	−0.45	21.4	7	7.14	0.71	0.12
S404	中国海商法研究	84	7	−0.83	0.448	6	−0.55	24.5	5	5.00	0.43	0.00
S587	中国司法鉴定	360	4	−0.27	0.353	7	−0.64	21.5	6	11.29	0.57	0.47
S428	中国刑事法杂志	1069	1	1.17	3.667	1	2.72	95.8	1	14.00	1.00	0.35
	7 种期刊平均值	492			0.986							

军事学

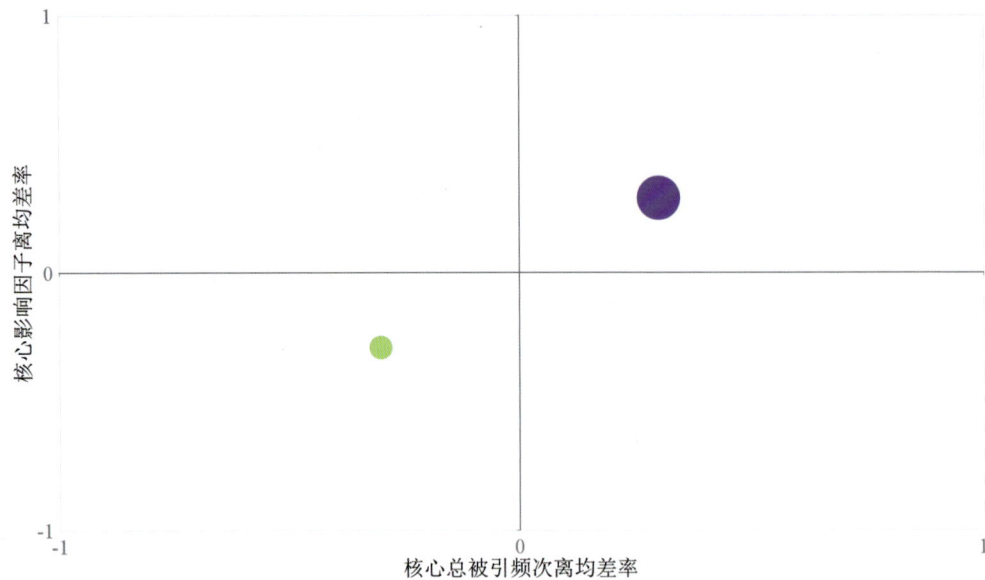

2023年军事学类期刊核心总被引频次和核心影响因子离均差率的分布图
（节点大小表示综合评价总分）

● 军事运筹与评估

· 抗日战争研究

2023年军事学类期刊互引关系示意图

表 6-27 2023年军事学类期刊主要指标

CODE	刊名	核心总被引频次			核心影响因子			综合评价总分		学科扩散指标	学科影响指标	红点指标
		数值	排名	离均差率	数值	排名	离均差率	数值	排名			
S232	军事运筹与评估	311	1	0.30	0.451	1	0.29	70.0	1	35.00	0.50	0.12
S235	抗日战争研究	167	2	−0.30	0.250	2	−0.29	20.0	2	20.50	0.50	0.30
	2种期刊平均值	239			0.351							

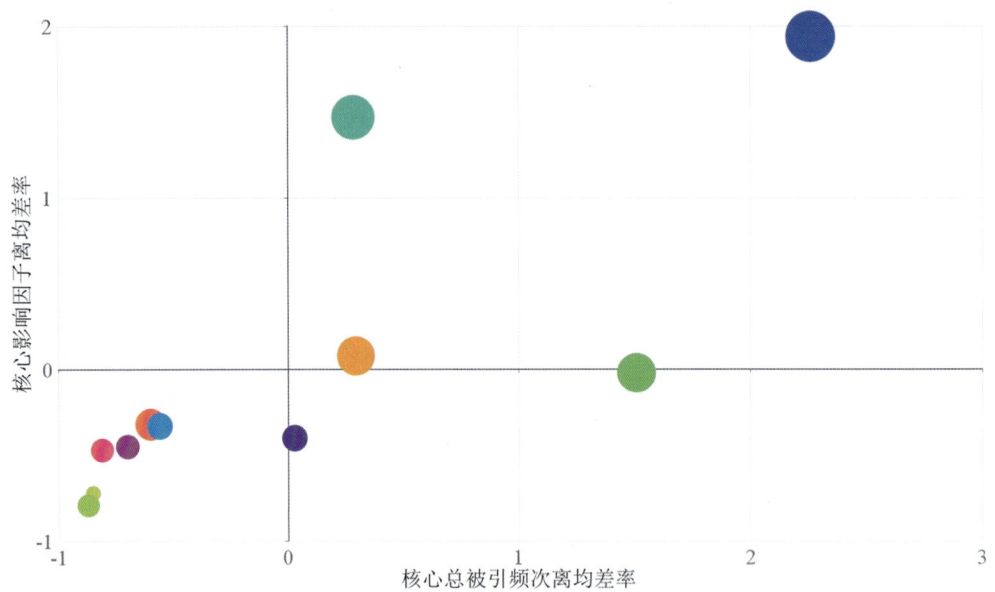

2023年社会学综合类期刊核心总被引频次和核心影响因子离均差率的分布图
（节点大小表示综合评价总分）

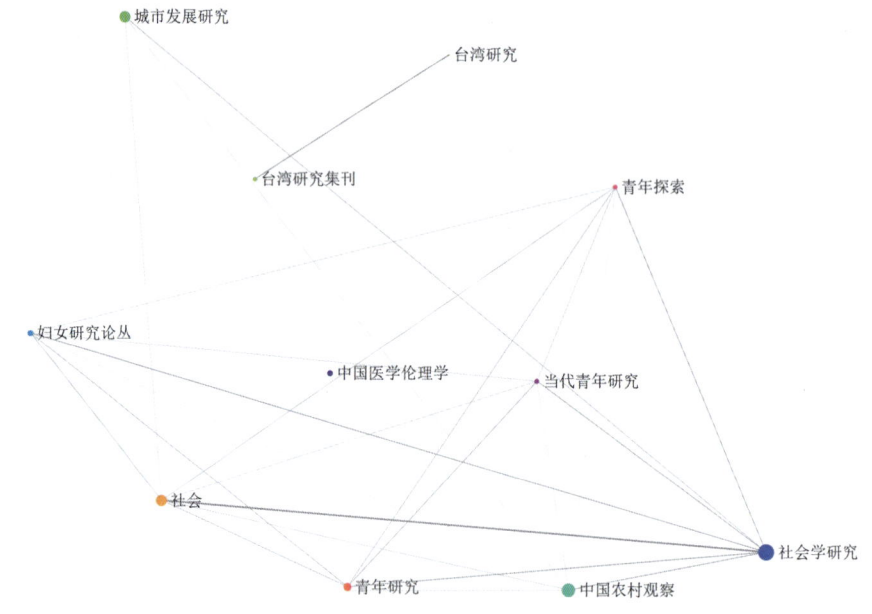

2023年社会学综合类期刊互引关系示意图

表 6-28 2023 年社会学综合类期刊主要指标

CODE	刊名	核心总被引频次			核心影响因子			综合评价总分		学科扩散指标	学科影响指标	红点指标
		数值	排名	离均差率	数值	排名	离均差率	数值	排名			
S736	城市发展研究	2982	2	1.51	1.359	4	−0.02	56.0	3	36.00	0.55	0.20
S161	当代青年研究	361	8	−0.70	0.756	8	−0.45	21.4	8	11.27	0.73	0.16
S852	妇女研究论丛	522	6	−0.56	0.926	6	−0.33	25.5	6	12.55	0.55	0.09
S258	青年探索	223	9	−0.81	0.740	9	−0.47	20.4	9	7.64	0.73	0.36
S259	青年研究	471	7	−0.60	0.947	5	−0.32	36.0	5	13.73	0.73	0.16
S270	社会	1548	3	0.30	1.500	3	0.08	54.8	4	25.00	0.73	0.06
S867	社会学研究	3866	1	2.26	4.074	1	1.94	93.0	1	35.64	1.00	0.10
S295	台湾研究	180	10	−0.85	0.383	10	−0.72	8.5	11	1.18	0.18	0.27
S296	台湾研究集刊	160	11	−0.87	0.295	11	−0.79	18.9	10	2.45	0.27	0.24
S803	中国农村观察	1528	4	0.29	3.418	2	1.47	71.8	2	26.82	0.73	0.21
G911	中国医学伦理学	1221	5	0.03	0.833	7	−0.40	25.4	7	19.45	0.09	0.46
	11 种期刊平均值	1187			1.385							

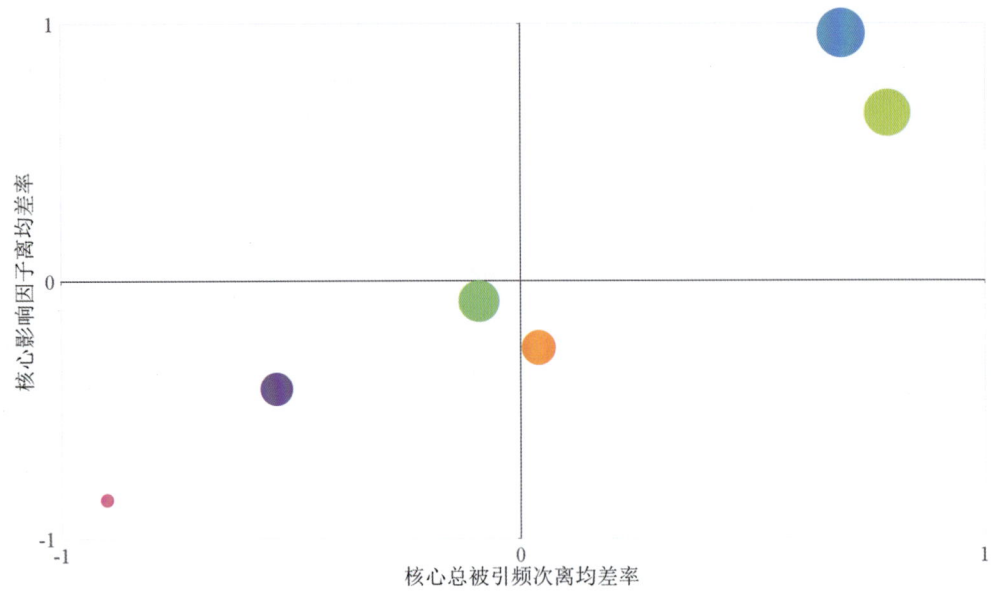

2023年人口学、劳动科学类期刊核心总被引频次和核心影响因子离均差率的分布图
（节点大小表示综合评价总分）

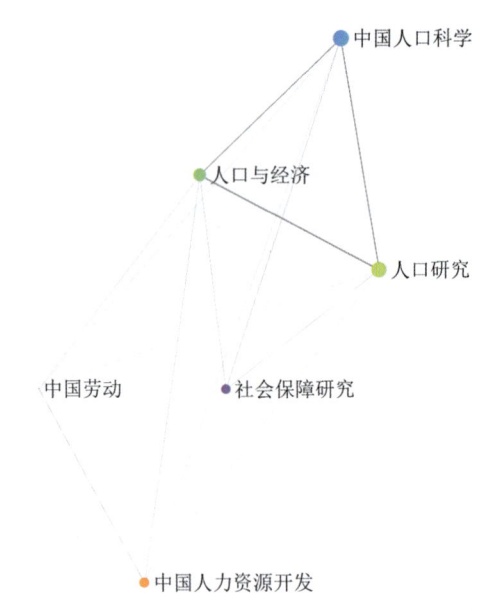

2023年人口学、劳动科学类期刊互引关系示意图

表 6-29 2023年人口学、劳动科学类期刊主要指标

CODE	刊名	核心总被引频次			核心影响因子			综合评价总分		学科扩散指标	学科影响指标	红点指标
		数值	排名	离均差率	数值	排名	离均差率	数值	排名			
S860	人口研究	1703	1	0.79	3.303	2	0.65	80.0	2	61.17	1.00	0.31
S862	人口与经济	869	4	−0.09	1.841	3	−0.08	61.8	3	48.83	1.00	0.40
S271	社会保障研究	446	5	−0.53	1.149	5	−0.42	40.3	5	29.00	0.83	0.32
S410	中国劳动	95	6	−0.90	0.296	6	−0.85	6.8	6	9.17	0.67	0.16
S874	中国人口科学	1607	2	0.69	3.919	1	0.96	86.5	1	53.67	1.00	0.29
S419	中国人力资源开发	984	3	0.04	1.480	4	−0.26	43.1	4	33.67	0.67	0.02
	6种期刊平均值	951			1.998							

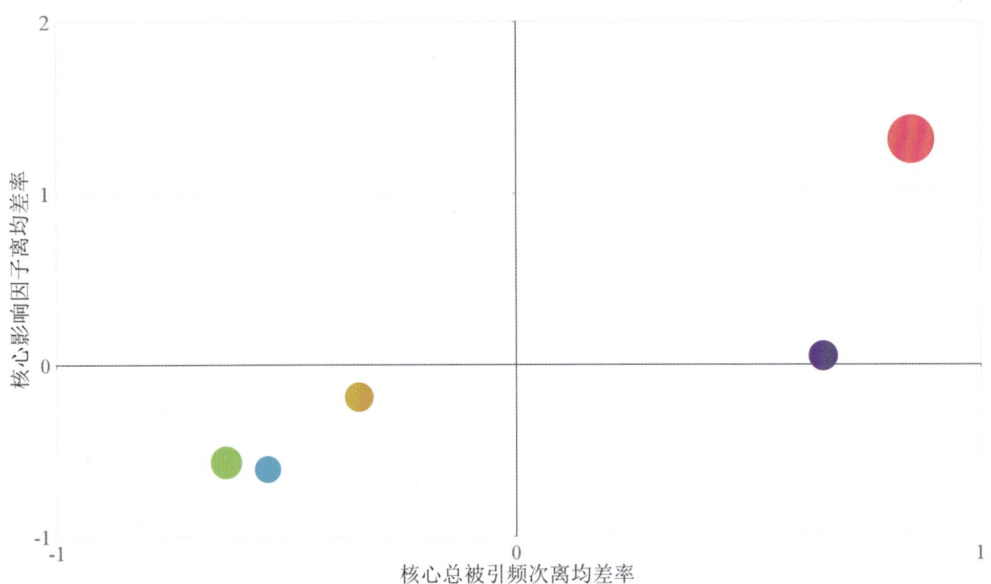

2023年民族学与文化学类期刊核心总被引频次和核心影响因子离均差率的分布图
（节点大小表示综合评价总分）

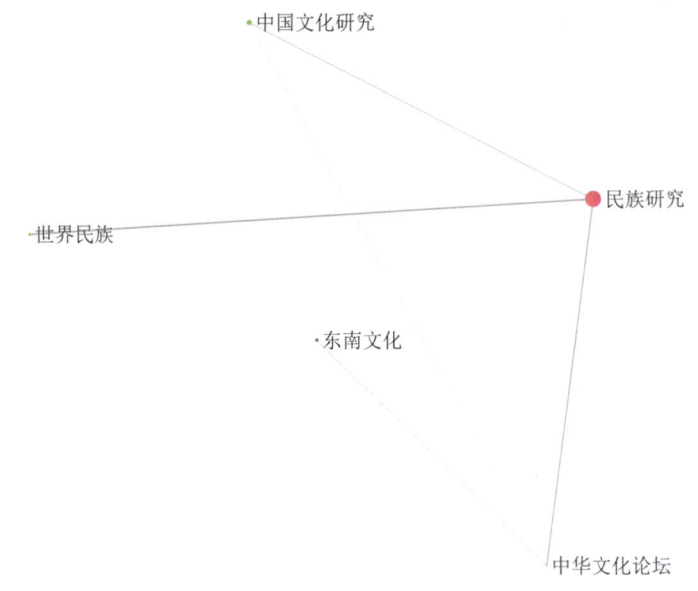

2023年民族学与文化学类期刊互引关系示意图

表 6-30　2023 年民族学与文化学类期刊主要指标

CODE	刊名	核心总被引频次			核心影响因子			综合评价总分		学科扩散指标	学科影响指标	红点指标
		数值	排名	离均差率	数值	排名	离均差率	数值	排名			
S173	东南文化	577	2	0.66	0.454	2	0.05	32.1	3	26.20	0.60	0.47
S252	民族研究	643	1	0.85	1.000	1	1.31	83.7	1	29.60	0.80	0.19
S285	世界民族	229	3	−0.34	0.352	3	−0.19	30.7	4	15.00	0.40	0.26
S426	中国文化研究	130	5	−0.63	0.188	4	−0.57	37.9	2	14.20	0.60	0.13
S435	中华文化论坛	159	4	−0.54	0.171	5	−0.61	25.9	5	17.00	0.40	0.11
	5 种期刊平均值	348			0.433							

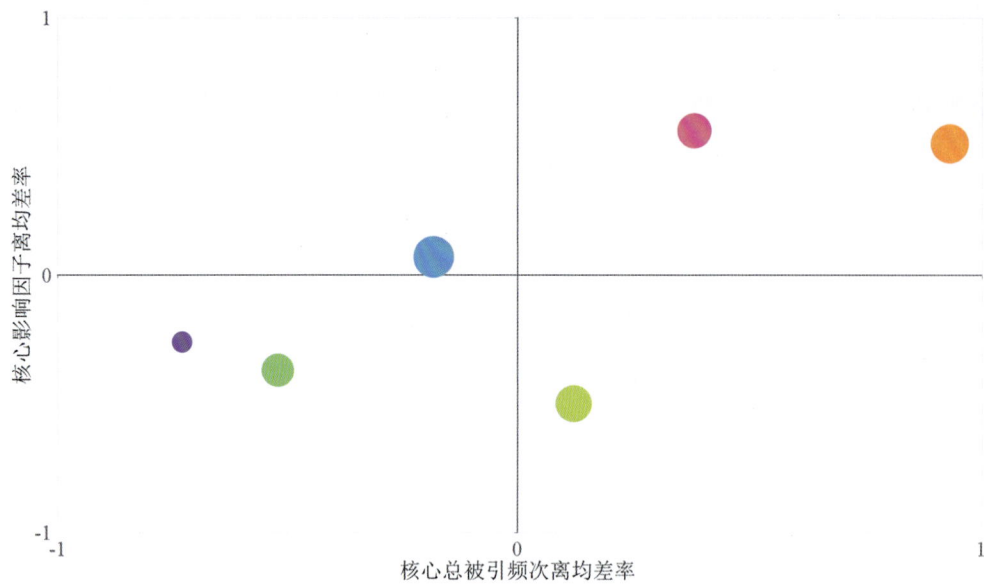

2023年新闻学与传播学类期刊核心总被引频次和核心影响因子离均差率的分布图
（节点大小表示综合评价总分）

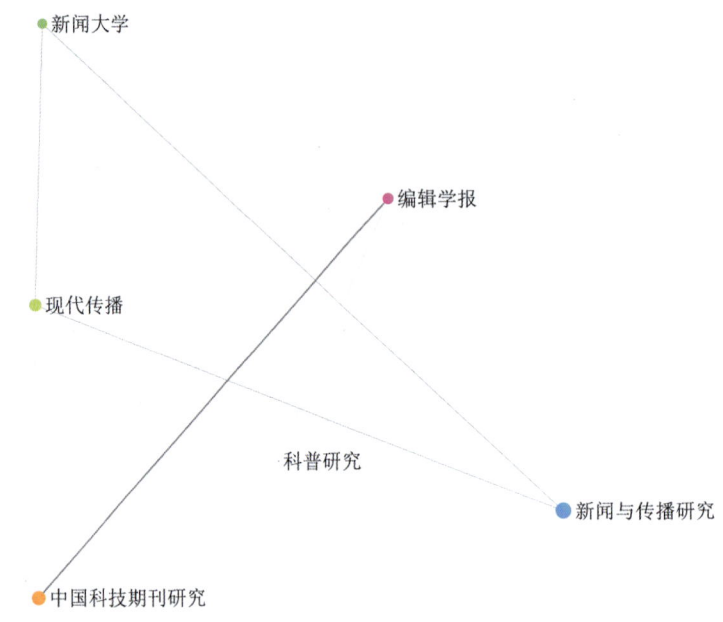

2023年新闻学与传播学类期刊互引关系示意图

表 6-31　2023 年新闻学与传播学类期刊主要指标

CODE	刊名	核心总被引频次			核心影响因子			综合评价总分		学科扩散指标	学科影响指标	红点指标
		数值	排名	离均差率	数值	排名	离均差率	数值	排名			
A570	编辑学报	1380	2	0.38	1.764	1	0.56	44.3	4	18.17	0.50	0.71
A223	科普研究	275	6	−0.73	0.838	4	−0.26	16.5	6	12.00	0.67	0.31
S906	现代传播	1128	3	0.12	0.560	6	−0.50	48.6	3	38.83	0.83	0.16
S907	新闻大学	477	5	−0.52	0.711	5	−0.37	40.3	5	22.50	0.67	0.13
S909	新闻与传播研究	822	4	−0.18	1.206	3	0.07	62.6	1	28.50	0.83	0.11
A583	中国科技期刊研究	1937	1	0.93	1.707	2	0.51	54.5	2	27.33	0.33	0.61
	6 种期刊平均值	1003			1.131							

图书馆学、文献学

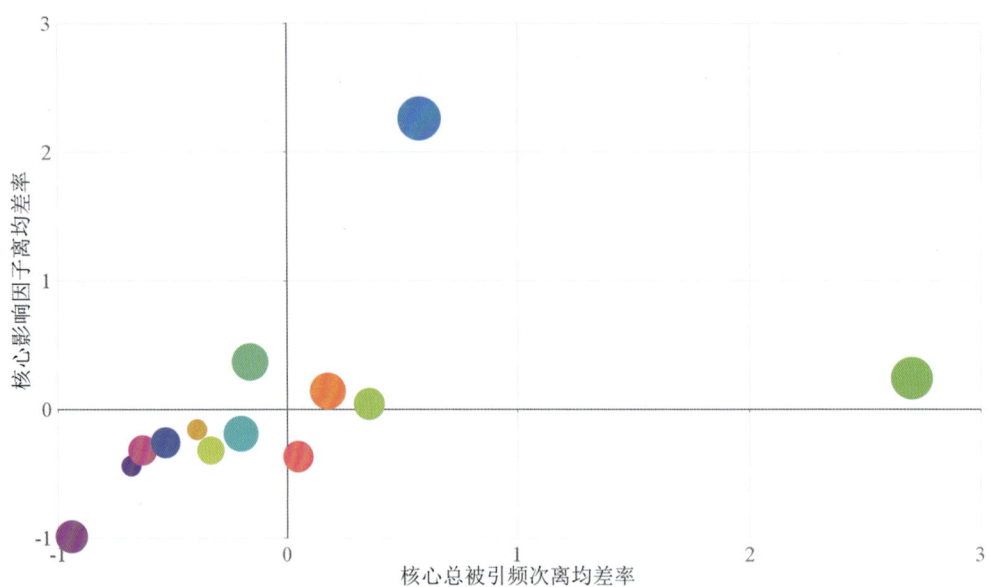

2023年图书馆学、文献学类期刊核心总被引频次和核心影响因子离均差率的分布图
（节点大小表示综合评价总分）

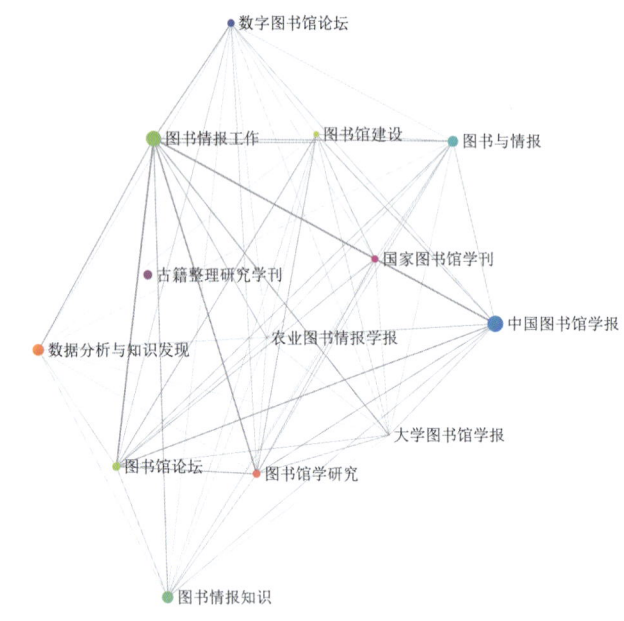

2023年图书馆学、文献学类期刊互引关系示意图

表 6-32　2023 年图书馆学、文献学类期刊主要指标

CODE	刊名	核心总被引频次			核心影响因子			综合评价总分		学科扩散指标	学科影响指标	红点指标
		数值	排名	离均差率	数值	排名	离均差率	数值	排名			
S892	大学图书馆学报	782	9	−0.39	1.363	6	−0.16	15.7	13	6.46	0.92	0.48
S185	古籍整理研究学刊	79	13	−0.94	0.015	13	−0.99	39.8	6	3.69	0.23	0.00
S197	国家图书馆学刊	480	11	−0.63	1.100	9	−0.32	32.9	10	6.38	0.92	0.68
Q438	农业图书情报学报	413	12	−0.68	0.905	12	−0.44	15.8	12	8.31	0.92	0.63
S850	数据分析与知识发现	1516	4	0.18	1.844	4	0.14	49.4	4	21.69	0.92	0.25
W022	数字图书馆论坛	605	10	−0.53	1.190	8	−0.26	34.1	9	8.23	0.92	0.52
S895	图书馆建设	859	8	−0.33	1.097	10	−0.32	28.5	11	6.69	0.92	0.59
S897	图书馆论坛	1744	3	0.36	1.691	5	0.04	37.0	7	14.54	0.92	0.53
S308	图书馆学研究	1345	5	0.05	1.021	11	−0.37	35.8	8	12.92	1.00	0.71
S899	图书情报工作	4760	1	2.70	2.011	3	0.24	65.8	2	29.38	0.92	0.45
S900	图书情报知识	1081	6	−0.16	2.218	2	0.37	50.1	3	14.23	0.92	0.36
S901	图书与情报	1024	7	−0.20	1.317	7	−0.19	45.9	5	12.54	1.00	0.49
S902	中国图书馆学报	2037	2	0.58	5.274	1	2.26	69.9	1	14.08	0.92	0.67
	13 种期刊平均值	1287			1.619							

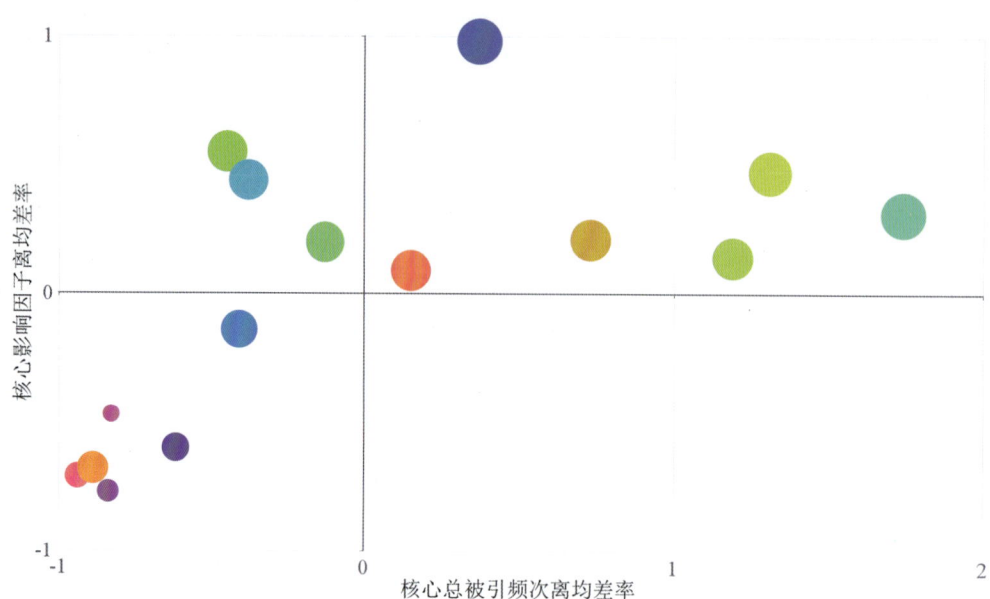

2023年情报学类期刊核心总被引频次和核心影响因子离均差率的分布图
（节点大小表示综合评价总分）

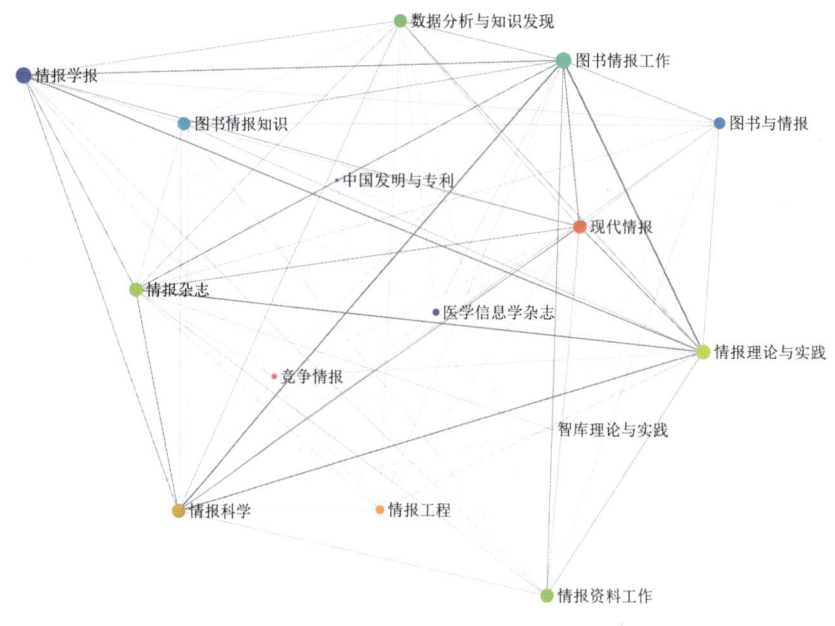

2023年情报学类期刊互引关系示意图

表 6-33 2023年情报学类期刊主要指标

CODE	刊名	核心总被引频次			核心影响因子			综合评价总分		学科扩散指标	学科影响指标	红点指标
		数值	排名	离均差率	数值	排名	离均差率	数值	排名			
S094	竞争情报	109	15	−0.94	0.450	14	−0.71	23.5	13	2.87	0.73	0.33
S844	情报工程	187	14	−0.89	0.492	13	−0.68	36.5	11	5.87	0.93	0.57
S846	情报科学	3015	4	0.73	1.858	6	0.21	61.7	5	28.93	1.00	0.51
S847	情报理论与实践	4013	2	1.31	2.262	3	0.47	69.1	3	26.20	1.00	0.51
W020	情报学报	2385	5	0.37	3.044	1	0.98	75.3	2	18.47	1.00	0.46
S848	情报杂志	3804	3	1.19	1.755	8	0.14	63.0	4	30.27	1.00	0.64
S849	情报资料工作	956	10	−0.45	2.387	2	0.55	60.7	7	9.53	0.93	0.46
S850	数据分析与知识发现	1516	7	−0.13	1.844	7	0.20	58.7	8	18.80	0.93	0.47
S899	图书情报工作	4760	1	1.74	2.011	5	0.31	75.8	1	25.47	1.00	0.48
S900	图书情报知识	1081	8	−0.38	2.218	4	0.44	58.3	9	12.33	1.00	0.40
S901	图书与情报	1024	9	−0.41	1.317	10	−0.14	50.7	10	10.87	1.00	0.51
S309	现代情报	1997	6	0.15	1.673	9	0.09	60.7	6	24.60	1.00	0.54
G865	医学信息学杂志	663	11	−0.62	0.615	12	−0.60	29.2	12	11.67	0.53	0.47
Q468	智库理论与实践	300	12	−0.83	0.821	11	−0.47	11.1	15	3.87	0.67	0.44
J076	中国发明与专利	271	13	−0.84	0.353	15	−0.77	18.1	14	7.07	0.53	0.51
	15种期刊平均值	1739			1.540							

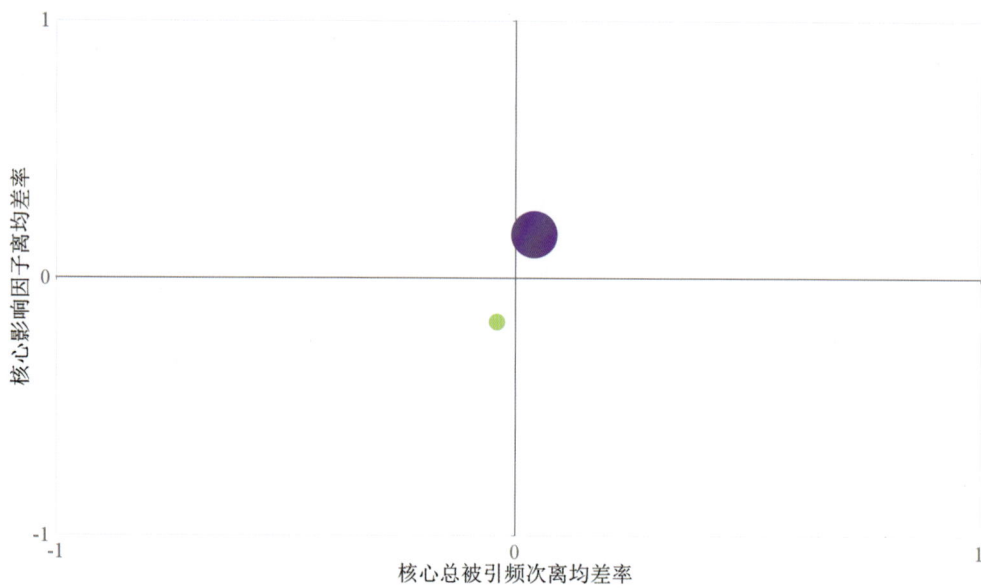

2023年档案学、博物馆学类期刊核心总被引频次和核心影响因子离均差率的分布图
（节点大小表示综合评价总分）

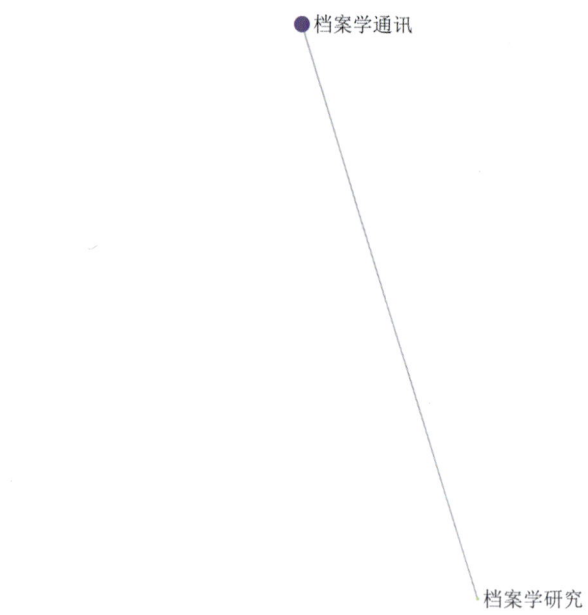

2023年档案学、博物馆学类期刊互引关系示意图

表 6-34 2023年档案学、博物馆学类期刊主要指标

CODE	刊名	核心总被引频次			核心影响因子			综合评价总分		学科扩散指标	学科影响指标	红点指标
		数值	排名	离均差率	数值	排名	离均差率	数值	排名			
S608	档案学通讯	685	1	0.04	1.462	1	0.17	80.0	1	25.50	1.00	0.25
S609	档案学研究	631	2	−0.04	1.041	2	−0.17	10.0	2	30.00	1.00	0.27
	2种期刊平均值	658			1.252							

99

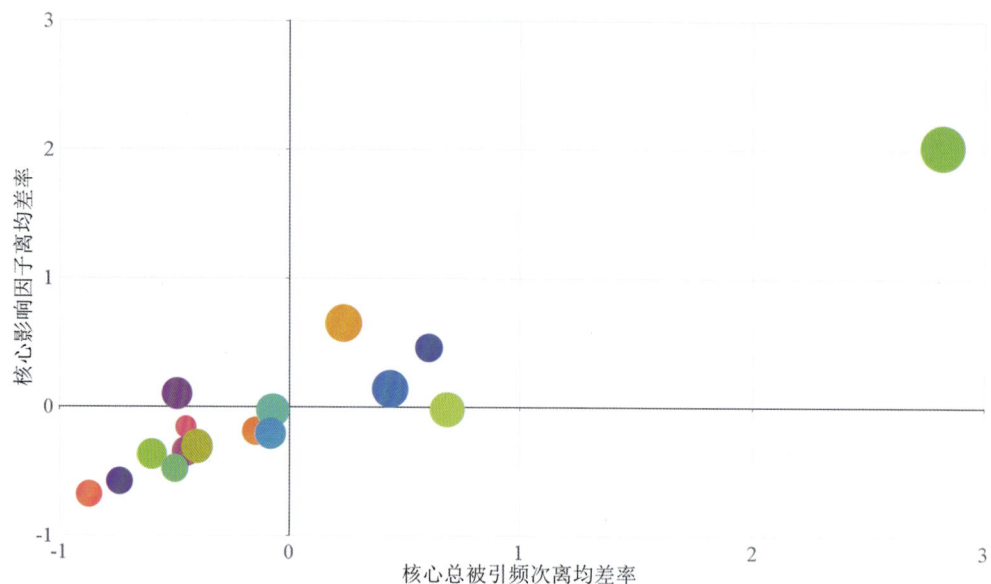

2023年教育学综合类期刊核心总被引频次和核心影响因子离均差率的分布图
（节点大小表示综合评价总分）

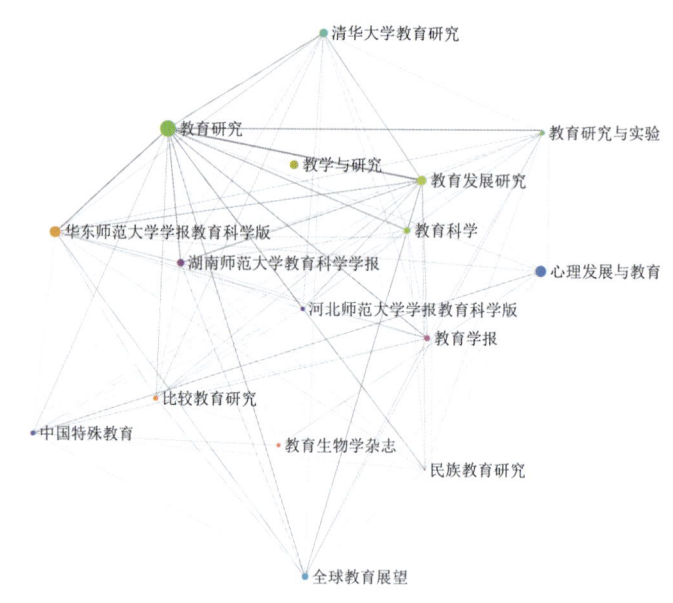

2023年教育学综合类期刊互引关系示意图

表 6-35　2023 年教育学综合类期刊主要指标

CODE	刊名	核心总被引频次			核心影响因子			综合评价总分		学科扩散指标	学科影响指标	红点指标
		数值	排名	离均差率	数值	排名	离均差率	数值	排名			
S666	比较教育研究	785	8	−0.14	0.727	9	−0.19	28.8	12	8.13	0.81	0.41
S204	河北师范大学学报教育科学版	239	15	−0.74	0.383	15	−0.58	26.9	14	5.00	0.69	0.37
S212	湖南师范大学教育科学学报	462	12	−0.49	0.988	5	0.10	37.3	7	6.25	0.88	0.27
S673	华东师范大学学报教育科学版	1134	5	0.24	1.489	2	0.65	50.4	3	12.31	0.94	0.50
S675	教学与研究	548	9	−0.40	0.623	11	−0.31	41.6	5	12.38	0.56	0.29
S676	教育发展研究	1538	2	0.69	0.885	6	−0.02	44.3	4	12.31	0.94	0.29
S677	教育科学	364	14	−0.60	0.566	13	−0.37	33.6	9	6.75	0.81	0.51
S415	教育生物学杂志	119	16	−0.87	0.291	16	−0.68	25.9	15	4.25	0.19	0.32
S224	教育学报	503	10	−0.45	0.589	12	−0.35	31.9	10	7.38	0.94	0.20
S681	教育研究	3489	1	2.82	2.724	1	2.02	75.2	1	17.50	1.00	0.41
S682	教育研究与实验	457	13	−0.50	0.472	14	−0.48	28.6	13	8.63	0.94	0.31
S249	民族教育研究	501	11	−0.45	0.758	8	−0.16	18.2	16	5.50	0.81	0.62
S687	清华大学教育研究	845	6	−0.07	0.876	7	−0.03	40.9	6	10.69	0.88	0.24
S688	全球教育展望	837	7	−0.08	0.711	10	−0.21	34.6	8	7.44	0.94	0.26
S700	心理发展与教育	1311	4	0.44	1.030	4	0.14	51.7	2	12.13	0.88	0.34
S714	中国特殊教育	1468	3	0.61	1.318	3	0.46	29.0	11	9.75	0.88	0.48
	16 种期刊平均值	913			0.902							

学前教育学、普通教育学

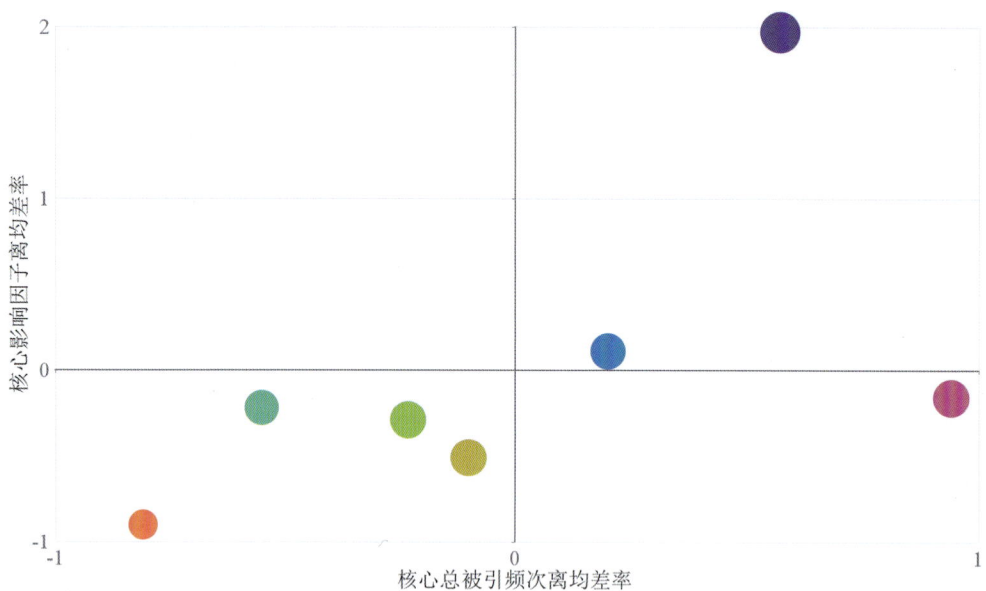

2023年学前教育学、普通教育学类期刊核心总被引频次和核心影响因子离均差率的分布图
（节点大小表示综合评价总分）

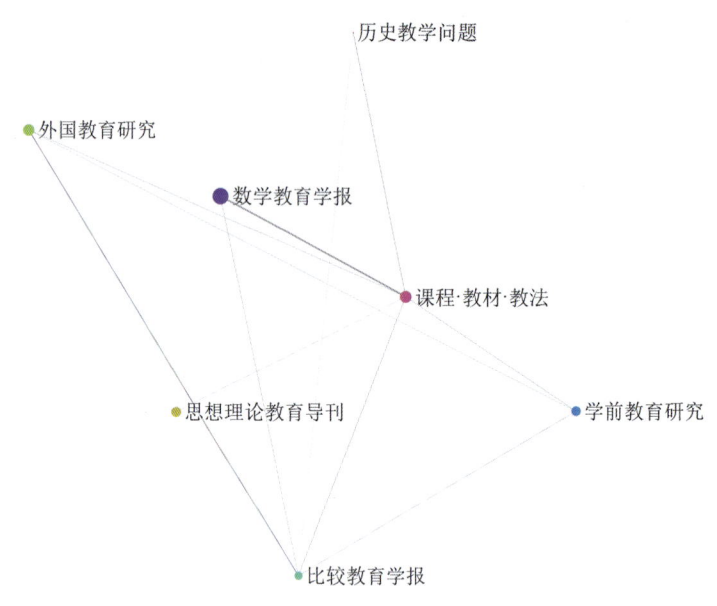

2023年学前教育学、普通教育学类期刊互引关系示意图

表 6-36　2023 年学前教育学、普通教育学类期刊主要指标

CODE	刊名	核心总被引频次			核心影响因子			综合评价总分		学科扩散指标	学科影响指标	红点指标
		数值	排名	离均差率	数值	排名	离均差率	数值	排名			
S695	比较教育学报	256	6	−0.55	0.562	4	−0.22	44.8	6	9.86	0.86	0.29
S236	课程·教材·教法	1106	1	0.94	0.601	3	−0.16	51.6	2	15.29	0.86	0.29
S239	历史教学问题	108	7	−0.81	0.069	7	−0.90	32.3	7	8.14	0.29	0.20
B523	数学教育学报	895	2	0.57	2.135	1	1.97	60.6	1	5.00	0.43	0.23
S291	思想理论教育导刊	513	4	−0.10	0.354	6	−0.51	47.8	4	21.14	0.43	0.55
S694	外国教育研究	439	5	−0.23	0.512	5	−0.29	50.5	3	13.14	0.86	0.54
S703	学前教育研究	684	3	0.20	0.799	2	0.11	47.3	5	12.43	0.57	0.19
	7 种期刊平均值	572			0.719							

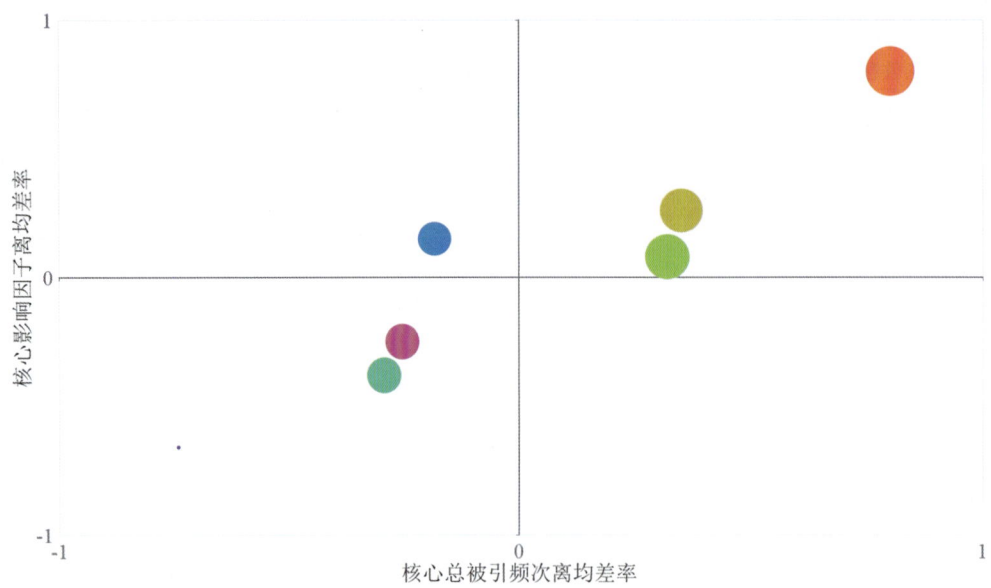

2023年高等教育学类期刊核心总被引频次和核心影响因子离均差率的分布图
（节点大小表示综合评价总分）

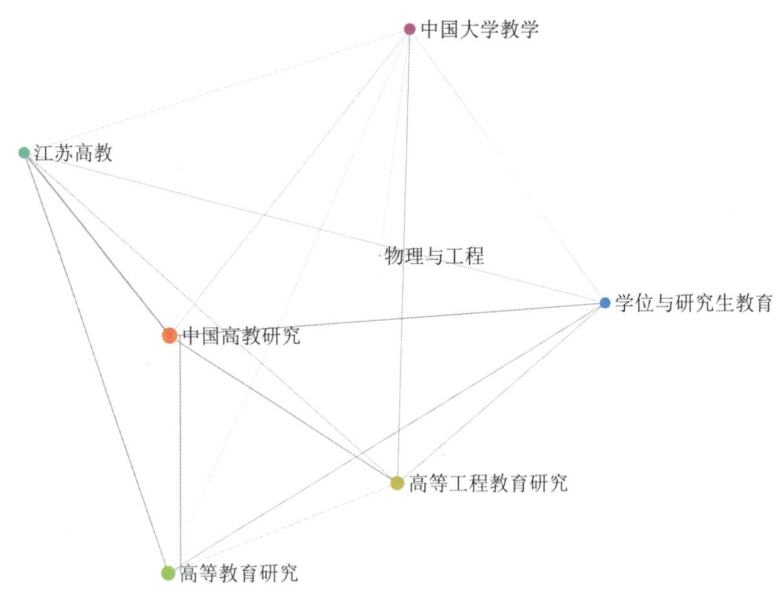

2023年高等教育学类期刊互引关系示意图

表 6-37　2023 年高等教育学类期刊主要指标

CODE	刊名	核心总被引频次			核心影响因子			综合评价总分		学科扩散指标	学科影响指标	红点指标
		数值	排名	离均差率	数值	排名	离均差率	数值	排名			
S668	高等工程教育研究	1374	2	0.35	1.070	2	0.26	67.3	3	28.00	1.00	0.48
S669	高等教育研究	1341	3	0.32	0.912	4	0.08	73.0	2	26.14	1.00	0.20
S674	江苏高教	722	6	−0.29	0.527	6	−0.38	45.5	4	22.29	1.00	0.30
C509	物理与工程	260	7	−0.74	0.289	7	−0.66	0.6	7	10.43	0.14	0.23
S704	学位与研究生教育	837	4	−0.18	0.971	3	0.15	40.3	6	16.71	0.86	0.72
S304	中国大学教学	767	5	−0.25	0.635	5	−0.25	45.2	5	28.71	1.00	0.49
S664	中国高教研究	1835	1	0.80	1.522	1	0.80	87.4	1	35.14	1.00	0.34
	7 种期刊平均值	1019			0.847							

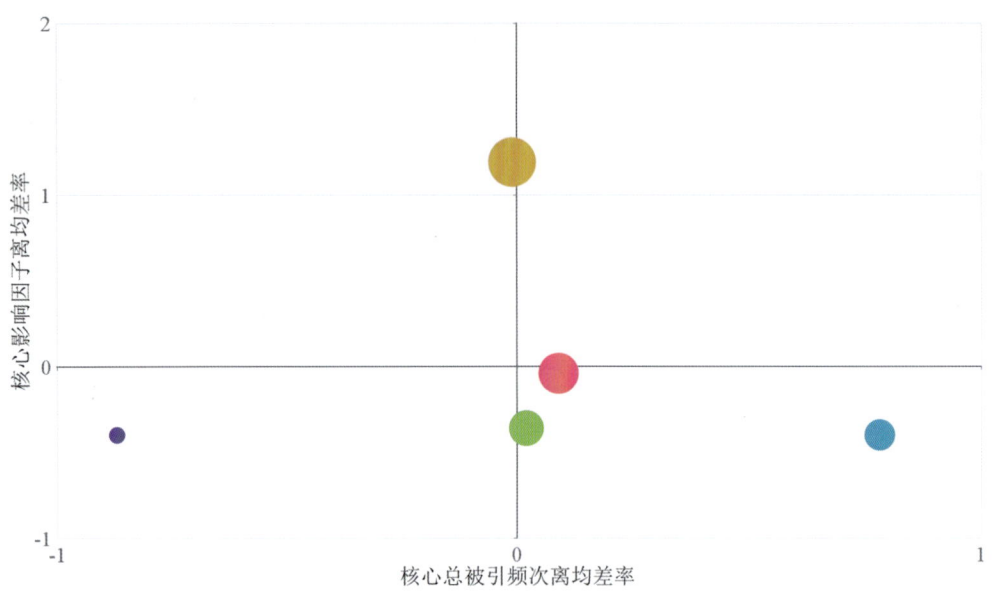

2023 年成人教育学、职业技术教育学类期刊核心总被引频次和核心影响因子离均差率的分布图
（节点大小表示综合评价总分）

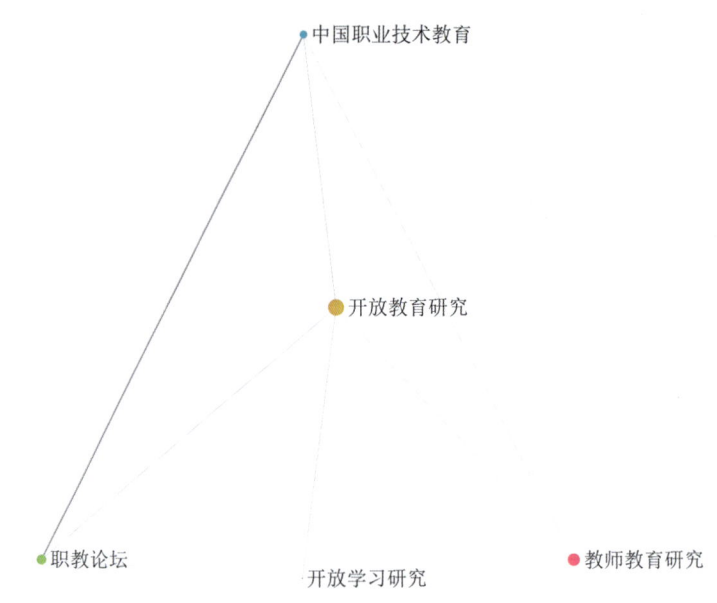

2023 年成人教育学、职业技术教育学类期刊互引关系示意图

表 6-38　2023年成人教育学、职业技术教育学类期刊主要指标

CODE	刊名	核心总被引频次			核心影响因子			综合评价总分		学科扩散指标	学科影响指标	红点指标
		数值	排名	离均差率	数值	排名	离均差率	数值	排名			
S222	教师教育研究	670	2	0.09	0.784	2	−0.04	59.9	2	18.80	1.00	0.18
S233	开放教育研究	609	4	−0.01	1.783	1	1.19	86.3	1	31.40	1.00	0.37
S155	开放学习研究	80	5	−0.87	0.488	5	−0.40	10.1	5	3.40	0.60	0.15
S384	职教论坛	627	3	0.02	0.522	3	−0.36	45.5	3	17.20	1.00	0.48
S432	中国职业技术教育	1096	1	0.78	0.490	4	−0.40	34.9	4	21.20	1.00	0.66
	5种期刊平均值	616			0.813							

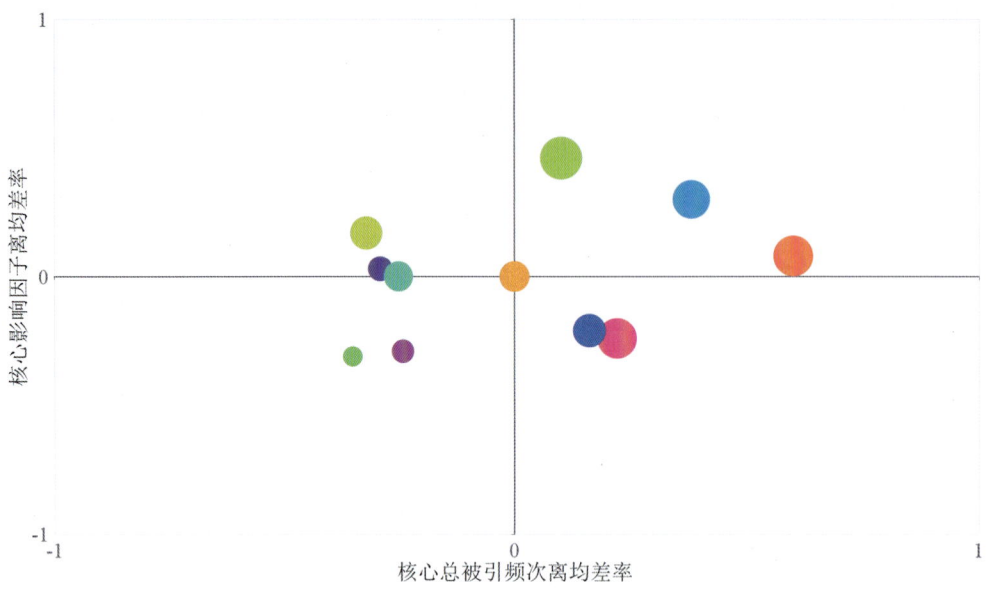

2023年体育科学类期刊核心总被引频次和核心影响因子离均差率的分布图
（节点大小表示综合评价总分）

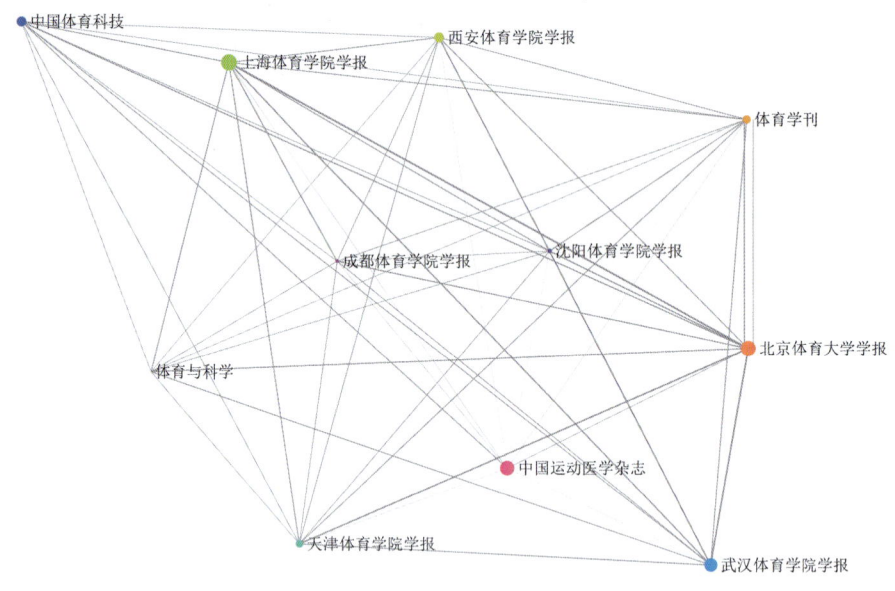

2023年体育科学类期刊互引关系示意图

表 6-39　2023 年体育科学类期刊主要指标

CODE	刊名	核心总被引频次			核心影响因子			综合评价总分		学科扩散指标	学科影响指标	红点指标
		数值	排名	离均差率	数值	排名	离均差率	数值	排名			
S877	北京体育大学学报	1386	1	0.60	1.226	4	0.08	60.1	2	18.09	1.00	0.46
S889	成都体育学院学报	660	7	−0.24	0.814	10	−0.29	19.9	10	9.91	1.00	0.48
S883	上海体育学院学报	953	5	0.10	1.670	1	0.46	65.1	1	12.64	1.00	0.36
S890	沈阳体育学院学报	616	9	−0.29	1.175	5	0.03	22.6	9	7.82	1.00	0.67
S880	体育学刊	869	6	0.00	1.146	6	0.00	33.6	7	10.27	1.00	0.62
S885	体育与科学	560	11	−0.35	0.792	11	−0.31	14.7	11	8.18	1.00	0.32
S886	天津体育学院学报	654	8	−0.25	1.144	7	0.00	32.6	8	10.91	1.00	0.50
S887	武汉体育学院学报	1194	2	0.38	1.480	2	0.30	53.2	4	12.91	1.00	0.51
S881	西安体育学院学报	592	10	−0.32	1.332	3	0.17	39.4	6	8.73	1.00	0.51
S888	中国体育科技	1005	4	0.16	0.901	8	−0.21	39.9	5	19.27	1.00	0.38
G131	中国运动医学杂志	1059	3	0.22	0.865	9	−0.24	58.2	3	26.73	0.91	0.26
	11 种期刊平均值	868			1.140							

统计学

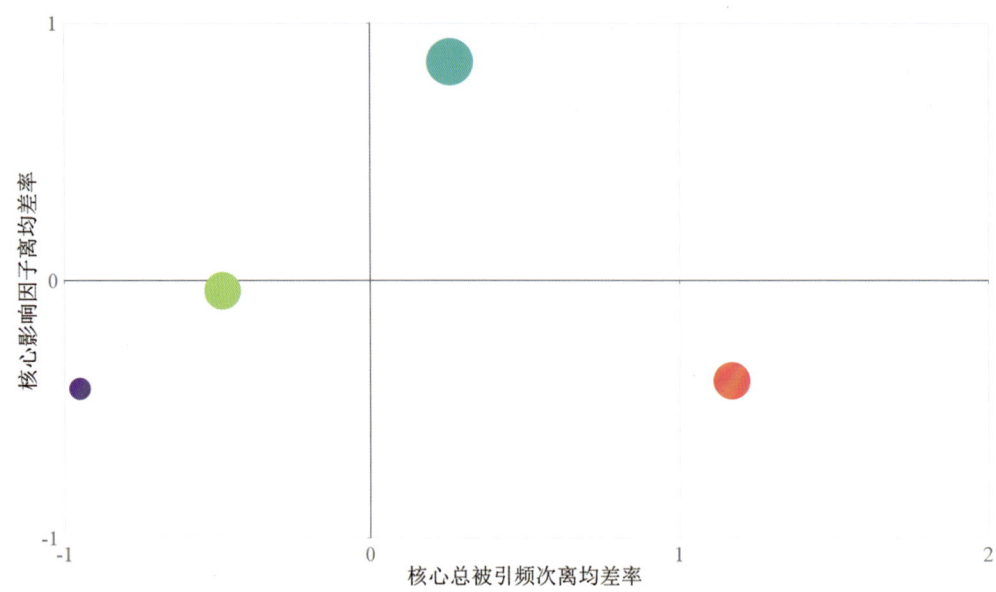

2023年统计学类期刊核心总被引频次和核心影响因子离均差率的分布图
（节点大小表示综合评价总分）

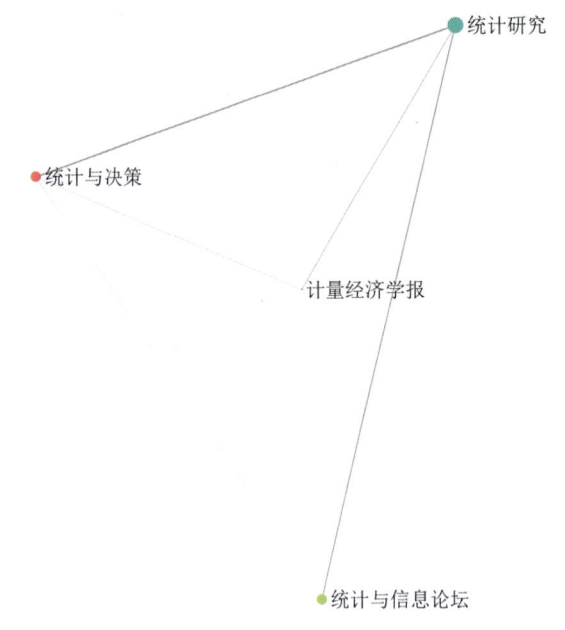

2023年统计学类期刊互引关系示意图

表 6-40　2023 年统计学类期刊主要指标

CODE	刊名	核心总被引频次			核心影响因子			综合评价总分		学科扩散指标	学科影响指标	红点指标
		数值	排名	离均差率	数值	排名	离均差率	数值	排名			
S998	计量经济学报	118	4	−0.95	1.184	4	−0.42	17.5	4	6.50	0.75	0.05
S793	统计研究	3216	2	0.26	3.757	1	0.85	79.2	1	107.50	1.00	0.25
S293	统计与决策	5546	1	1.17	1.238	3	−0.39	50.7	2	219.00	1.00	0.50
S306	统计与信息论坛	1330	3	−0.48	1.958	2	−0.04	50.5	3	105.00	1.00	0.40
	4 种期刊平均值	2553			2.034							

7　2023年中国科技核心期刊综合评价

表7-1　2023年中国科技核心期刊综合评价总分排名（社会科学）

CODE	刊名	核心总被引频次 数值	核心总被引频次 排名	核心影响因子 数值	核心影响因子 排名	综合评价总分 数值	综合评价总分 排名
S428	中国刑事法杂志	1069	116	3.667	22	95.8	1
S790	数量经济技术经济研究	5298	6	7.670	3	95.5	2
S800	中国工业经济	14398	2	14.78	1	95.5	2
S867	社会学研究	3866	18	4.074	17	93.0	4
S733	财经研究	3472	21	4.764	12	92.5	5
S772	经济研究	22778	1	9.462	2	90.5	6
S804	中国农村经济	4958	8	7.342	4	90.3	7
S734	财贸经济	4069	12	4.656	13	89.7	8
S327	文学评论	957	134	0.509	292	88.1	9
S664	中国高教研究	1835	46	1.522	108	87.4	10
S617	人文地理	2917	31	1.713	96	86.5	11
S874	中国人口科学	1607	62	3.919	20	86.5	11
S233	开放教育研究	609	209	1.783	88	86.3	13
S314	外国文学	246	349	0.175	371	85.5	14
S287	世界宗教研究	250	346	0.124	385	85.2	15
S332	文艺研究	813	165	0.400	315	85.2	15
S875	中国社会科学	8626	3	6.445	5	85.2	15
S252	民族研究	643	200	1.000	176	83.7	18
S961	山西财经大学学报	1221	98	2.220	54	83.2	19
S316	外国文学研究	208	365	0.198	365	82.5	20
S608	档案学通讯	685	187	1.462	117	80.0	21
S860	人口研究	1703	57	3.303	27	80.0	21
S633	中国法学	3922	16	5.506	8	79.6	23
S793	统计研究	3216	25	3.757	21	79.2	24
S956	求是	3889	17	3.930	19	78.6	25
S808	考古	1784	49	0.584	263	77.9	26
S286	世界宗教文化	176	376	0.145	380	77.9	26
S390	治理研究	704	183	2.458	42	76.9	28
S697	外语教学	531	242	0.662	241	75.9	29
S899	图书情报工作	4760	9	2.011	68	65.8;75.8	30
W020	情报学报	2385	34	3.044	30	75.3	31
S681	教育研究	3489	20	2.724	34	75.2	32
S354	学海	863	150	0.862	201	74.7	33
S669	高等教育研究	1341	85	0.912	190	73.0	34
S698	外语教学与研究	585	216	0.594	258	72.4	35
S715	中国语文	978	130	0.384	317	72.3	36
S779	农业经济问题	4487	10	5.625	7	71.9	37
S803	中国农村观察	1528	65	3.418	26	71.8	38

表 7-1　2023 年中国科技核心期刊综合评价总分排名（社会科学）（续）

CODE	刊名	核心总被引频次		核心影响因子		综合评价总分	
		数值	排名	数值	排名	数值	排名
S169	电影艺术	544	236	0.456	302	70.4	39
S349	新疆师范大学学报哲学社会科学版	803	167	2.132	60	70.4	39
S232	军事运筹与评估	311	318	0.451	306	70.0	41
S902	中国图书馆学报	2037	39	5.274	9	69.9	42
S923	哲学研究	1286	95	0.894	196	69.4	43
S626	法学研究	3387	23	3.572	25	69.1	44
S847	情报理论与实践	4013	14	2.262	52	69.1	44
S668	高等工程教育研究	1374	82	1.070	160	67.3	46
S329	文艺理论研究	353	302	0.248	354	67.1	47
S382	政治学研究	1759	51	3.576	24	66.7	48
S990	中国人民大学学报	1154	106	1.426	120	66.7	48
S193	中共中央党校(国家行政学院)学报	984	128	1.094	158	65.2	50
S883	上海体育学院学报	953	136	1.670	100	65.1	51
S343	现代财经－天津财经大学学报	695	185	2.050	66	65.1	51
S328	文学遗产	488	261	0.379	322	64.5	53
S317	外国语	480	266	0.573	267	64.4	54
S320	外交评论	471	273	1.877	74	64.4	54
S336	西安交通大学学报社会科学版	891	143	1.984	71	63.9	56
S930	北京师范大学学报社会科学版	865	149	0.739	229	63.1	57
S848	情报杂志	3804	19	1.755	92	63.0	58
S909	新闻与传播研究	822	163	1.206	143	62.6	59
S992	中南财经政法大学学报	851	154	1.828	82	62.5	60
S699	外语与外语教学	499	258	0.552	276	62.4	61
S265	上海财经大学学报哲学社会科学版	640	202	2.283	49	62.2	62
S809	考古学报	713	179	0.452	305	62.1	63
S405	中国行政管理	4044	13	1.873	75	62.0	64
S862	人口与经济	869	148	1.841	81	61.8	65
S846	情报科学	3015	29	1.858	76	61.7	66
S188	广东财经大学学报	486	262	2.464	41	61.6	67
S941	华中师范大学学报人文社会科学版	827	162	0.650	244	61.6	67
S266	上海翻译	574	226	0.822	209	61.3	69
S160	当代电影	744	174	0.322	333	61.0	70
S246	马克思主义研究	1104	113	1.560	105	60.7	71
S849	情报资料工作	956	135	2.387	45	60.7	71
S691	世界汉语教学	484	263	0.638	247	60.7	71
S309	现代情报	1997	41	1.673	99	60.7	71
B523	数学教育学报	895	142	2.135	59	60.6	75
S334	武汉大学学报哲学社会科学版	919	140	1.280	135	60.2	76
S877	北京体育大学学报	1386	79	1.226	141	60.1	77
S238	理论与改革	586	215	1.610	102	60.1	77
S222	教师教育研究	670	191	0.784	221	59.9	79
S778	农业技术经济	3167	27	4.178	16	59.8	80
S785	世界经济	5601	4	4.594	14	59.5	81

表 7-1　2023 年中国科技核心期刊综合评价总分排名（社会科学）（续）

CODE	刊名	核心总被引频次 数值	核心总被引频次 排名	核心影响因子 数值	核心影响因子 排名	综合评价总分 数值	综合评价总分 排名
S368	语言教学与研究	535	239	0.605	255	59.4	82
S253	民族艺术	342	305	0.319	335	59.3	83
S441	中央音乐学院学报	258	342	0.320	334	59.0	84
S229	经济学	5242	7	4.885	11	58.9	85
S850	数据分析与知识发现	1516	66	1.844	80	49.4; 58.7	86
S900	图书情报知识	1081	115	2.218	55	50.1; 58.3	87
G131	中国运动医学杂志	1059	120	0.865	199	58.2	88
S150	西北农林科技大学学报社会科学版	988	126	1.798	85	57.7	89
S788	世界经济与政治	1331	86	1.723	94	57.5	90
S743	改革	4324	11	6.402	6	57.2	91
S440	中央财经大学学报	839	157	0.976	179	56.9	92
S148	北京工业大学学报社会科学版	625	206	2.664	35	56.5	93
S341	西南民族大学学报人文社科版	1393	77	0.799	217	56.1	94
H221	中国农业资源与区划	3980	15	2.142	58	56.1	94
S736	城市发展研究	2982	30	1.359	128	56.0	96
S315	外国文学评论	142	382	0.122	386	56.0	96
S929	北京大学学报哲学社会科学版	1138	107	0.744	227	55.9	98
S330	文艺理论与批评	216	363	0.282	346	55.5	99
S448	宗教学研究	188	371	0.036	402	55.5	99
S240	历史研究	1056	121	0.696	237	55.0	101
S270	社会	1548	63	1.500	112	54.8	102
A583	中国科技期刊研究	1937	43	1.707	97	54.5	103
S721	经济学动态	2810	33	3.182	29	54.2	104
S811	文物	1807	47	0.203	363	54.0	105
S369	语言文字应用	305	320	0.542	281	54.0	105
S400	中国翻译	886	145	0.535	283	53.8	107
S759	经济管理	3316	24	4.412	15	53.6	108
S367	音乐研究	314	313	0.232	356	53.6	108
S153	北京电影学院学报	293	327	0.301	337	53.3	110
S887	武汉体育学院学报	1194	101	1.480	116	53.2	111
S634	中外法学	2023	40	3.251	28	53.0	112
S739	当代经济科学	801	168	2.556	40	52.6	113
S427	中国现代文学研究丛刊	571	228	0.288	344	52.4	114
G308	医学与哲学	2323	35	0.811	216	52.1	115
S700	心理发展与教育	1311	91	1.030	169	51.7	116
S236	课程·教材·教法	1106	111	0.601	256	51.6	117
S366	艺术百家	223	356	0.132	384	51.4	118
S430	中国音乐学	282	332	0.250	352	51.2	119
S165	当代语言学	307	319	0.281	347	50.8	120
S293	统计与决策	5546	5	1.238	139	50.7	121
S901	图书与情报	1024	122	1.317	132	45.9; 50.7	121
S731	财经科学	1453	71	1.782	89	50.5	123
S306	统计与信息论坛	1330	87	1.958	72	50.5	123

表 7-1　2023 年中国科技核心期刊综合评价总分排名（社会科学）（续）

CODE	刊名	核心总被引频次		核心影响因子		综合评价总分	
		数值	排名	数值	排名	数值	排名
S694	外国教育研究	439	281	0.512	291	50.5	123
S673	华东师范大学学报教育科学版	1134	108	1.489	114	50.4	126
S765	经济社会体制比较	1291	94	1.535	107	50.4	126
S767	经济体制改革	1302	93	1.852	77	50.2	128
S732	财经问题研究	1244	96	1.403	122	50.1	129
S159	产业经济研究	1462	70	5.258	10	50.0	130
S940	华南师范大学学报社会科学版	505	252	0.815	212	49.9	131
S942	吉林大学社会科学学报	704	182	0.735	230	49.4	132
S773	经济与管理研究	1418	74	2.373	46	49.4	132
S370	语言研究	290	328	0.152	378	49.3	134
S237	理论探讨	641	201	0.863	200	49.1	135
S737	城市问题	1381	80	1.504	111	48.9	136
S955	清华大学学报哲学社会科学版	633	203	0.685	238	48.7	137
S264	山东大学学报哲学社会科学版	669	192	1.095	157	48.7	137
S906	现代传播	1128	109	0.560	275	48.6	139
S986	浙江大学学报人文社会科学版	695	186	0.534	284	48.4	140
S746	国际金融研究	1679	58	2.763	33	48.3	141
S947	兰州大学学报社会科学版	535	240	1.244	138	48.3	141
S621	法律科学－西北政法大学学报	1724	54	2.283	50	47.9	143
S784	生态经济	3142	28	1.491	113	47.9	143
S291	思想理论教育导刊	513	249	0.354	328	47.8	145
S156	北京行政学院学报	503	254	0.952	182	47.6	146
S226	金融经济学研究	618	207	2.228	53	47.6	146
S164	当代亚太	337	307	1.600	103	47.5	148
S183	公共行政评论	928	139	1.748	93	47.5	148
S703	学前教育研究	684	188	0.799	218	47.3	150
S764	经济评论	1347	83	2.958	31	47.2	151
S443	重庆大学学报社会科学版	795	169	1.248	137	47.1	152
S444	装饰	438	282	0.201	364	47.0	153
S333	文艺争鸣	533	241	0.100	391	46.9	154
S625	法学评论	1415	75	1.792	86	46.7	155
S771	经济学家	3174	26	3.581	23	46.5	156
S761	经济科学	946	137	1.985	70	46.3	157
S950	南京大学学报哲学·人文科学·社会科学	581	222	0.933	185	45.8	158
S323	外语界	411	291	0.768	223	45.8	158
S674	江苏高教	722	177	0.527	286	45.5	160
S261	求实	473	271	1.787	87	45.5	160
S384	职教论坛	627	205	0.522	289	45.5	160
S630	现代法学	1323	88	1.909	73	45.4	163
S978	厦门大学学报哲学社会科学版	546	235	0.661	242	45.3	164
S392	中国比较文学	192	369	0.219	357	45.2	165
S304	中国大学教学	767	173	0.635	248	45.2	165
S781	上海经济研究	1318	90	2.151	56	44.9	167

表 7-1 2023 年中国科技核心期刊综合评价总分排名（社会科学）（续）

CODE	刊名	核心总被引频次 数值	核心总被引频次 排名	核心影响因子 数值	核心影响因子 排名	综合评价总分 数值	综合评价总分 排名
S695	比较教育学报	256	344	0.562	274	44.8	168
S769	经济问题探索	2044	38	2.579	38	44.6	169
S863	社会科学	1469	68	1.029	170	44.5	170
S228	近代史研究	602	211	0.591	261	44.4	171
S834	商业经济与管理	558	233	1.006	175	44.4	171
A570	编辑学报	1380	81	1.764	90	44.3	173
S676	教育发展研究	1538	64	0.885	197	44.3	173
S735	财政研究	1783	50	2.447	43	44.1	175
S622	法商研究	1400	76	2.065	65	44.0	176
S639	企业经济	657	195	0.641	245	43.6	177
S728	资源开发与市场	1068	117	0.813	215	43.6	177
S750	国际贸易问题	2273	36	2.869	32	43.1	179
S419	中国人力资源开发	984	129	1.480	115	43.1	179
S953	南开学报哲学社会科学版	491	260	0.683	239	42.6	181
S319	法学杂志	977	131	1.287	134	42.4	182
S865	社会科学研究	837	160	0.822	208	42.4	182
S819	软科学	2853	32	2.041	67	42.2	184
S172	东南大学学报哲学社会科学版	435	283	0.826	207	42.1	185
S659	证券市场导报	810	166	2.306	48	42.0	186
S178	法学论坛	998	125	1.806	84	41.8	187
S939	华东师范大学学报哲学社会科学版	494	259	0.782	222	41.7	188
S835	商业研究	711	181	0.919	188	41.7	188
S398	中国地质大学学报社会科学版	655	196	1.277	136	41.7	188
S675	教学与研究	548	234	0.623	249	41.6	191
S627	法制与社会发展	1194	102	2.633	36	41.3	192
S147	财经论丛	859	151	1.461	118	41.2	193
S858	南京社会科学	1655	60	1.330	130	41.2	193
S214	华东政法大学学报	1061	119	2.419	44	41.0	195
S687	清华大学教育研究	845	155	0.876	198	40.9	196
S982	学术月刊	1731	53	1.035	167	40.9	196
S216	黄钟－武汉音乐学院学报	161	378	0.151	379	40.8	198
S624	法学家	1637	61	2.622	37	40.7	199
S294	苏州大学学报哲学社会科学版	591	214	1.058	164	40.7	199
S619	政法论坛	1803	48	3.966	18	40.4	201
S271	社会保障研究	446	279	1.149	149	40.3	202
S907	新闻大学	477	268	0.711	233	40.3	202
S704	学位与研究生教育	837	159	0.971	180	40.3	202
S866	社会科学战线	1490	67	0.549	278	40.0	205
S297	探索	816	164	1.715	95	40.0	205
S975	西北大学学报哲学社会科学版	501	257	0.902	194	39.9	207
S838	中国流通经济	960	133	1.545	106	39.9	207
S888	中国体育科技	1005	124	0.901	195	39.9	207
S185	古籍整理研究学刊	79	398	0.015	403	39.8	210

表 7-1 2023 年中国科技核心期刊综合评价总分排名（社会科学）（续）

CODE	刊名	核心总被引频次		核心影响因子		综合评价总分	
		数值	排名	数值	排名	数值	排名
S272	河海大学学报哲学社会科学版	501	256	1.368	125	39.8	210
S777	南开经济研究	1106	112	1.394	123	39.8	210
S926	自然辩证法研究	968	132	0.442	309	39.8	210
S881	西安体育学院学报	592	213	1.332	129	39.4	214
S383	政治与法律	1928	44	2.143	57	39.4	214
S822	工程管理科技前沿	480	265	0.935	184	39.3	216
S738	当代财经	1303	92	1.806	83	39.0	217
S260	青少年犯罪问题	219	362	0.702	236	38.9	218
S278	史学月刊	560	231	0.281	348	38.7	219
S623	法学	2213	37	1.758	91	38.5	220
S795	外国经济与管理	1862	45	2.562	39	38.3	221
S958	求索	942	138	1.231	140	38.2	222
S934	复旦学报社会科学版	579	223	0.402	314	38.1	223
S787	世界经济研究	1442	72	2.313	47	38.1	223
S854	江苏社会科学	988	127	0.904	193	38.0	225
S987	浙江社会科学	1220	99	0.915	189	38.0	225
S426	中国文化研究	130	383	0.188	367	37.9	227
S839	农村经济	1713	56	1.453	119	37.8	228
S719	技术经济与管理研究	836	161	0.640	246	37.7	229
S247	马克思主义与现实	720	178	0.575	266	37.4	230
S192	国际商务－对外经济贸易大学学报	328	309	1.196	144	37.3	231
S212	湖南师范大学教育科学学报	462	274	0.988	177	37.3	231
S350	新视野	318	312	0.524	287	37.3	231
S340	西南大学学报社会科学版	883	146	1.151	148	37.2	234
S897	图书馆论坛	1744	52	1.691	98	37.0	235
S774	经济纵横	1676	59	2.009	69	36.9	236
S994	中山大学学报社会科学版	563	229	0.466	300	36.9	236
J067	工业技术经济	1182	103	0.847	203	36.5	238
S844	情报工程	187	373	0.492	293	36.5	238
S983	学习与探索	1213	100	0.761	224	36.5	238
S201	行政论坛	840	156	1.370	124	36.4	241
S429	中国音乐	240	351	0.109	388	36.4	241
S831	国际经贸探索	853	153	2.113	62	36.3	243
S981	学术研究	1064	118	0.528	285	36.2	244
S245	旅游科学	645	199	1.563	104	36.1	245
S647	财经理论与实践	730	176	1.139	154	36.0	246
S944	江海学刊	791	170	0.609	253	36.0	246
S259	青年研究	471	272	0.947	183	36.0	246
S361	学习论坛	227	355	0.369	324	36.0	246
S933	福建师范大学学报哲学社会科学版	404	293	1.016	173	35.9	250
S308	图书馆学研究	1345	84	1.021	172	35.8	251
S768	经济问题	1720	55	1.844	79	35.7	252
S276	社会主义研究	561	230	0.653	243	35.5	253

表 7-1　2023 年中国科技核心期刊综合评价总分排名（社会科学）（续）

CODE	刊名	核心总被引频次		核心影响因子		综合评价总分	
		数值	排名	数值	排名	数值	排名
S683	教育与经济	475	269	1.087	159	35.4	254
S967	四川大学学报哲学社会科学版	484	264	0.368	325	35.4	254
S372	云南财经大学学报	454	278	1.067	162	35.3	256
S170	东北大学学报社会科学版	386	294	0.571	270	35.2	257
S227	金融论坛	512	250	0.911	191	35.2	257
S616	旅游学刊	3449	22	2.108	63	35.1	259
S200	汉语学习	303	322	0.188	366	34.9	260
S946	江西社会科学	910	141	0.592	260	34.9	260
S762	经济理论与经济管理	1118	110	1.649	101	34.9	260
S432	中国职业技术教育	1096	114	0.490	294	34.9	260
S225	解放军外国语学院学报	289	329	0.233	355	34.7	264
S282	经济学报	269	338	1.052	165	34.6	265
S688	全球教育展望	837	158	0.711	234	34.6	265
S628	人民检察	888	144	0.572	268	34.6	265
A201	世界科技研究与发展	515	248	0.985	178	34.6	265
S836	消费经济	430	286	1.510	110	34.6	265
S760	经济经纬	1009	123	2.075	64	34.4	270
S810	考古与文物	581	221	0.307	336	34.3	271
S434	中国宗教	93	394	0.039	401	34.2	272
S996	中州学刊	1169	105	0.704	235	34.2	272
W022	数字图书馆论坛	605	210	1.190	145	34.1	274
S219	江苏行政学院学报	414	288	0.593	259	34.0	275
S251	民族文学研究	219	361	0.141	381	33.7	276
S677	教育科学	364	299	0.566	272	33.6	277
S880	体育学刊	869	147	1.146	150	33.6	277
S973	文史哲	522	245	0.416	311	33.2	279
S922	哲学动态	507	251	0.276	349	33.1	280
S342	戏剧－中央戏剧学院学报	100	392	0.162	374	33.0	281
S197	国家图书馆学刊	480	267	1.100	155	32.9	282
A908	自然辩证法通讯	582	219	0.369	323	32.7	283
S234	开放时代	1322	89	1.070	161	32.6	284
S886	天津体育学院学报	654	198	1.144	152	32.6	284
S618	中国历史地理论丛	301	325	0.209	359	32.5	286
S239	历史教学问题	108	390	0.069	393	32.3	287
S263	人民音乐	378	298	0.067	394	32.2	288
S267	上海行政学院学报	434	284	0.964	181	32.2	288
S173	东南文化	577	225	0.454	303	32.1	290
S965	上海大学学报社会科学版	338	306	0.794	219	32.0	291
S166	当代作家评论	320	311	0.170	373	31.9	292
S224	教育学报	503	253	0.589	262	31.9	292
S346	湘潭大学学报哲学社会科学版	459	275	0.384	316	31.8	294
S213	湖南师范大学社会科学学报	409	292	0.599	257	31.7	295
S184	古汉语研究	102	391	0.056	396	31.6	296

表 7-1 2023 年中国科技核心期刊综合评价总分排名（社会科学）（续）

CODE	刊名	核心总被引频次		核心影响因子		综合评价总分	
		数值	排名	数值	排名	数值	排名
S597	党政研究	157	381	0.475	298	31.4	297
S174	东南学术	583	218	0.663	240	30.9	298
S248	美术研究	260	340	0.294	341	30.8	299
S254	明清小说研究	115	388	0.154	377	30.8	299
S211	湖南社会科学	380	297	0.454	304	30.7	301
S285	世界民族	229	354	0.352	332	30.7	301
S997	北京航空航天大学学报社会科学版	333	308	0.584	264	30.6	303
S751	国际商务研究	185	374	0.841	204	30.5	304
S292	思想战线	655	197	0.614	252	29.9	305
S718	技术经济	1421	73	1.404	121	29.7	306
SA01	社会科学家	712	180	0.429	310	29.7	306
S209	湖南大学学报社会科学版	385	295	0.514	290	29.6	308
S964	陕西师范大学学报哲学社会科学版	543	237	1.210	142	29.2	309
G865	医学信息学杂志	663	193	0.615	251	29.2	309
A906	文物保护与考古科学	540	238	0.383	318	29.1	311
S714	中国特殊教育	1468	69	1.318	131	29.0	312
S666	比较教育研究	785	171	0.727	231	28.8	313
S682	教育研究与实验	457	276	0.472	299	28.6	314
S243	鲁迅研究月刊	312	317	0.099	392	28.5	315
S895	图书馆建设	859	152	1.097	156	28.5	315
S396	中国党政干部论坛	222	359	0.137	382	28.5	315
S348	小说评论	254	345	0.206	362	27.8	318
S582	刑事技术	523	244	0.620	250	27.5	319
S255	南方文坛	247	348	0.179	370	27.3	320
S374	云南民族大学学报哲学社会科学版	523	243	1.067	163	27.2	321
S167	党的文献	193	367	0.179	369	27.0	322
S331	文艺评论	64	401	0.043	400	27.0	322
S204	河北师范大学学报教育科学版	239	352	0.383	320	26.9	324
S588	现代电影技术	219	360	0.357	327	26.7	325
S181	甘肃政法大学学报	234	353	0.486	296	26.6	326
S176	敦煌研究	698	184	0.262	350	26.4	327
S789	世界经济与政治论坛	266	339	1.302	133	26.3	328
S244	伦理学研究	270	337	0.216	358	26.0	329
S415	教育生物学杂志	119	385	0.291	342	25.9	330
S435	中华文化论坛	159	380	0.171	372	25.9	330
S852	妇女研究论丛	522	246	0.926	187	25.5	332
G911	中国医学伦理学	1221	97	0.833	206	25.4	333
S290	思想教育研究	582	220	0.405	313	25.1	334
S576	西安外国语大学学报	213	364	0.382	321	24.9	335
S162	当代外国文学	92	395	0.051	397	24.5	336
S205	河南大学学报社会科学版	351	303	0.285	345	24.5	336
S404	中国海商法研究	84	396	0.448	308	24.5	336
S230	经济与管理评论	578	224	1.851	78	24.4	339

表 7-1 2023 年中国科技核心期刊综合评价总分排名（社会科学）（续）

CODE	刊名	核心总被引频次		核心影响因子		综合评价总分	
		数值	排名	数值	排名	数值	排名
S740	当代经济研究	585	217	0.815	213	24.2	340
S194	国家检察官学院学报	730	175	2.121	61	24.1	341
S799	亚太经济	412	290	0.816	211	24.0	342
S210	湖南科技大学学报社会科学版	312	315	0.550	277	23.9	343
S094	竞争情报	109	389	0.450	307	23.5	344
S351	新文学史料	243	350	0.049	399	22.7	345
S993	中南民族大学学报人文社会科学版	680	189	0.544	280	22.7	345
S890	沈阳体育学院学报	616	208	1.175	147	22.6	347
S587	中国司法鉴定	360	301	0.353	330	21.5	348
S161	当代青年研究	361	300	0.756	226	21.4	349
G352	证据科学	304	321	0.539	282	21.4	349
S386	中共党史研究	441	280	0.571	269	21.2	351
S393	中国边疆史地研究	248	347	0.208	361	21.1	352
S652	金融理论与实践	383	296	0.580	265	20.5	353
S258	青年探索	223	357	0.740	228	20.4	354
S195	国家教育行政学院学报	679	190	1.011	174	20.1	355
W027	科技与法律中英文版	258	343	0.524	288	20.1	355
S171	东北亚论坛	303	323	1.365	126	20.0	357
S235	抗日战争研究	167	377	0.250	353	20.0	357
S889	成都体育学院学报	660	194	0.814	214	19.9	359
S269	上海师范大学学报哲学社会科学版	346	304	0.460	301	19.9	359
S401	中国改革	20	404	0.011	404	19.9	359
S220	江西财经大学学报	457	277	1.142	153	19.8	362
S190	贵州财经大学学报	324	310	1.031	168	19.6	363
S175	敦煌学辑刊	283	331	0.113	387	19.1	364
S296	台湾研究集刊	160	379	0.295	340	18.9	365
S179	方言	284	330	0.155	376	18.5	366
S249	民族教育研究	501	255	0.758	225	18.2	367
J076	中国发明与专利	271	336	0.353	329	18.1	368
S998	计量经济学报	118	386	1.184	146	17.5	369
S215	华侨华人历史研究	188	372	0.413	312	16.5	370
A223	科普研究	275	333	0.838	205	16.5	370
S177	俄罗斯文艺	52	402	0.103	390	16.4	372
S416	中国青年研究	1387	78	1.519	109	15.9	373
Q438	农业图书情报学报	413	289	0.905	192	15.8	374
S892	大学图书馆学报	782	172	1.363	127	15.7	375
S885	体育与科学	560	232	0.792	220	14.7	376
S318	外国语文	272	335	0.258	351	14.5	377
S417	中国青年社会科学	313	314	0.609	254	14.4	378
S823	中国科技翻译	126	384	0.135	383	14.2	379
S656	税务与经济	205	366	0.569	271	13.6	380
S242	林业经济问题	474	270	1.025	171	13.5	381
S446	资源与产业	520	247	1.145	151	13.4	382

表 7-1 2023 年中国科技核心期刊综合评价总分排名（社会科学）（续）

CODE	刊名	核心总被引频次		核心影响因子		综合评价总分*	
		数值	排名	数值	排名	数值	排名
L042	国际石油经济	573	227	0.712	232	12.6	383
S363	学校党建与思想教育	597	212	0.209	360	12.3	384
S832	价格理论与实践	1976	42	0.856	202	12.0	385
S414	中国穆斯林	51	403	0.066	395	11.3	386
S221	交响－西安音乐学院学报	79	399	0.050	398	11.2	387
S747	国际经济合作	303	324	0.931	186	11.1	388
Q468	智库理论与实践	300	326	0.821	210	11.1	388
S936	广西民族大学学报哲学社会科学版	419	287	0.298	338	11.0	390
S155	开放学习研究	80	397	0.488	295	10.1	391
S637	煤炭经济研究	430	285	0.546	279	10.1	391
S609	档案学研究	631	204	1.041	166	10.0	393
S807	中国资产评估	190	370	0.353	331	8.7	394
S295	台湾研究	180	375	0.383	319	8.5	395
S268	上海金融	274	334	0.563	273	7.7	396
S206	红楼梦学刊	222	358	0.106	389	7.6	397
S410	中国劳动	95	393	0.296	339	6.8	398
S397	中国地方志	116	387	0.158	375	4.7	399
S223	教育财会研究	75	400	0.185	368	4.0	400
S133	中国科技资源导刊	193	368	0.477	297	2.4	401
S106	全球科技经济瞭望	312	316	0.366	326	1.6	402
C509	物理与工程	260	341	0.289	343	0.6	403
S782	审计研究	1181	104	2.264	51	—	—

*注：对复分入多个学科的期刊，在不同学科内计算的综合评价总分不同，以社会科学领域学科较高的一个总分分值参加排名。

8 2023年中国科技核心期刊目录

表8-1 2023年中国科技核心期刊目录（社会科学）

CODE	刊名	学科分类	主编
S929	北京大学学报哲学社会科学版	社会科学综合大学学报	杨河
S153	北京电影学院学报	艺术学	杨远婴
S148	北京工业大学学报社会科学版	社会科学综合大学学报	沈千帆
S997	北京航空航天大学学报社会科学版	社会科学综合大学学报	郑晓齐
S930	北京师范大学学报社会科学版	社会科学师范大学学报	蒋重跃
S877	北京体育大学学报	体育科学	杨桦
S156	北京行政学院学报	政治大学学报	鄂振辉
S695	比较教育学报	学前教育学、普通教育学	张民选
S666	比较教育研究	教育学综合	顾明远
A570	编辑学报	新闻学与传播学	陈浩元
S731	财经科学	财政学、金融学、保险学	李萍
S647	财经理论与实践	财政学、金融学、保险学	姚德权
S147	财经论丛	财政学、金融学、保险学	王俊豪
S732	财经问题研究	财政学、金融学、保险学	吕炜
S733	财经研究	财政学、金融学、保险学	蒋传海
S734	财贸经济	财政学、金融学、保险学	高培勇
S735	财政研究	财政学、金融学、保险学	刘尚希
S159	产业经济研究	工商业经济学	徐从才
S889	成都体育学院学报	体育科学	潘小非
S736	城市发展研究	社会学综合	鲍世行；李迅
S737	城市问题	国民经济学、管理经济学、数量经济学	周航
S443	重庆大学学报社会科学版	社会科学综合大学学报	赵修渝
S892	大学图书馆学报	图书馆学、文献学	朱强
S738	当代财经	财政学、金融学、保险学	陈始发
S160	当代电影	艺术学	张建勇；周涌
S739	当代经济科学	财政学、金融学、保险学	冯根福
S740	当代经济研究	经济学综合	林岗
S161	当代青年研究	社会学综合	杨雄
S162	当代外国文学	外国文学	杨金才；刘锋
S164	当代亚太	国际政治学、外交学	李向阳
S165	当代语言学	语言学综合	沈家煊；顾曰国
S166	当代作家评论	中国文学	林建法；高海涛
S167	党的文献	政治学综合	陈晋
S597	党政研究	政治学综合	陈学明
S608	档案学通讯	档案学、博物馆学	胡鸿杰
S609	档案学研究	档案学、博物馆学	付华
S169	电影艺术	艺术学	吴冠平

表 8-1 2023 年中国科技核心期刊目录（社会科学）（续）

CODE	刊名	学科分类	主编
S170	东北大学学报社会科学版	社会科学综合大学学报	左良
S171	东北亚论坛	国际政治学、外交学	朱显平
S172	东南大学学报哲学社会科学版	社会科学综合大学学报	徐子方
S173	东南文化	民族学与文化学	龚良
S174	东南学术	社会科学综合	杨健民
S175	敦煌学辑刊	历史学	郑炳林
S176	敦煌研究	历史学	樊锦诗
S177	俄罗斯文艺	外国文学	夏忠宪
S621	法律科学－西北政法大学学报	法学综合	韩松
S622	法商研究	法学综合	齐文远
S623	法学	法学综合	叶青
S624	法学家	法学综合	史际春
S178	法学论坛	法学综合	王彤宇
S625	法学评论	法学综合	肖永平
S626	法学研究	法学综合	梁慧星
S319	法学杂志	法学综合	宋树涛
S627	法制与社会发展	法学综合	张文显
S179	方言	语言学综合	麦耘
S933	福建师范大学学报哲学社会科学版	社会科学师范大学学报	陈颖
S852	妇女研究论丛	社会学综合	谭琳
S934	复旦学报社会科学版	社会科学综合大学学报	汪涌豪
S743	改革	经济学综合	廖元和
S181	甘肃政法大学学报	法学综合	史玉成
S668	高等工程教育研究	高等教育学	李培根
S669	高等教育研究	高等教育学	刘献君
S822	工程管理科技前沿	国民经济学、管理经济学、数量经济学	杨善林
J067	工业技术经济	工商业经济学	田莺
S183	公共行政评论	行政学	马骏
S184	古汉语研究	语言学综合	蒋冀骋
S185	古籍整理研究学刊	图书馆学、文献学	曹书杰
S188	广东财经大学学报	经济大学学报	王廷惠
S936	广西民族大学学报哲学社会科学版	社会科学综合大学学报	谢尚果
S190	贵州财经大学学报	经济大学学报	陈厚义
S746	国际金融研究	财政学、金融学、保险学	黄志强
S747	国际经济合作	经济学综合	齐国强
S831	国际经贸探索	工商业经济学	肖鹞飞
S750	国际贸易问题	工商业经济学	林桂军
S192	国际商务－对外经济贸易大学学报	经济大学学报	张新民
S751	国际商务研究	工商业经济学	孙海鸣
L042	国际石油经济	工商业经济学	杨朝红
S194	国家检察官学院学报	法学综合	徐鹤喃
S195	国家教育行政学院学报	政治大学学报	侯慧君
S197	国家图书馆学刊	图书馆学、文献学	熊远明

表 8-1 2023 年中国科技核心期刊目录（社会科学）（续）

CODE	刊名	学科分类	主编
S200	汉语学习	语言学综合	崔雄权
S204	河北师范大学学报教育科学版	教育学综合	戴建兵
S272	河海大学学报哲学社会科学版	社会科学综合大学学报	王慧敏
S205	河南大学学报社会科学版	社会科学综合大学学报	乔家君
S206	红楼梦学刊	中国文学	张庆善
S209	湖南大学学报社会科学版	社会科学综合大学学报	王道平
S210	湖南科技大学学报社会科学版	社会科学综合大学学报	李建华
S211	湖南社会科学	社会科学综合	周勇
S212	湖南师范大学教育科学学报	教育学综合	徐超富
S213	湖南师范大学社会科学学报	社会科学师范大学学报	吴家庆
S673	华东师范大学学报教育科学版	教育学综合	陈玉琨
S939	华东师范大学学报哲学社会科学版	社会科学师范大学学报	高瑞泉
S214	华东政法大学学报	法学综合	李秀清
S940	华南师范大学学报社会科学版	社会科学师范大学学报	翁佩萱
S215	华侨华人历史研究	历史学	张秀明
S941	华中师范大学学报人文社会科学版	社会科学师范大学学报	王泽龙
S216	黄钟－武汉音乐学院学报	艺术学	刘永平
S942	吉林大学社会科学学报	社会科学综合大学学报	刘文山
S998	计量经济学报	统计学	汪寿阳；洪永淼
S718	技术经济	工商业经济学	吴贵生
S719	技术经济与管理研究	国民经济学、管理经济学、数量经济学	章亚南
S832	价格理论与实践	工商业经济学	王永治
S944	江海学刊	社会科学综合	韩璞庚
S674	江苏高教	高等教育学	邱梅生
S854	江苏社会科学	社会科学综合	金晓瑜
S219	江苏行政学院学报	政治大学学报	周善乔
S220	江西财经大学学报	经济大学学报	陈始发
S946	江西社会科学	社会科学综合	龚建文
S221	交响－西安音乐学院学报	艺术学	罗艺峰
S222	教师教育研究	成人教育学、职业技术教育学	顾明远
S675	教学与研究	教育学综合	齐鹏飞
S223	教育财会研究	国民经济学、管理经济学、数量经济学	黄永林
S676	教育发展研究	教育学综合	张国良
S677	教育科学	教育学综合	傅维利
S415	教育生物学杂志	教育学综合	黄红
S224	体育学报	教育学综合	石中英
S681	教育研究	教育学综合	高书立
S682	教育研究与实验	教育学综合	董泽芳
S683	教育与经济	国民经济学、管理经济学、数量经济学	王善迈
S225	解放军外国语学院学报	外国语言学	蔡金亭
S226	金融经济学研究	财政学、金融学、保险学	马龙海
S652	金融理论与实践	财政学、金融学、保险学	庞贞燕
S227	金融论坛	财政学、金融学、保险学	詹向阳

表 8-1 2023 年中国科技核心期刊目录（社会科学）（续）

CODE	刊名	学科分类	主编
S228	近代史研究	历史学	徐秀丽
S759	经济管理	经济学综合	史丹
S760	经济经纬	经济学综合	李小建
S761	经济科学	经济学综合	刘伟
S762	经济理论与经济管理	经济学综合	郭庆旺
S764	经济评论	经济学综合	陈继勇
S765	经济社会体制比较	国民经济学、管理经济学、数量经济学	杨雪冬
S767	经济体制改革	国民经济学、管理经济学、数量经济学	盛毅
S768	经济问题	经济学综合	韩克勇
S769	经济问题探索	经济学综合	海文达
S229	经济学	经济学综合	朱家祥
S282	经济学报	经济学综合	钱颖一
S721	经济学动态	经济学综合	杨春学
S771	经济学家	经济学综合	刘诗白
S772	经济研究	经济学综合	裴长洪
S230	经济与管理评论	经济学综合	刘兴云
S773	经济与管理研究	经济学综合	吴卫星
S774	经济纵横	经济学综合	郭连强
S094	竞争情报	情报学	陈超
S232	军事运筹与评估	军事学	李宁
S233	开放教育研究	成人教育学、职业技术教育学	徐皓
S234	开放时代	经济学综合	吴重庆
S155	开放学习研究	成人教育学、职业技术教育学	张铁道
S235	抗日战争研究	军事学	高士华
S808	考古	考古学	王巍
S809	考古学报	考古学	刘庆柱
S810	考古与文物	考古学	王炜林
W027	科技与法律中英文版	法学综合	段瑞春
A223	科普研究	新闻学与传播学	王挺
S236	课程·教材·教法	学前教育学、普通教育学	郭戈
S947	兰州大学学报社会科学版	社会科学综合大学学报	高新才
S237	理论探讨	马克思主义	刘建明
S238	理论与改革	马克思主义	范锐平
S239	历史教学问题	学前教育学、普通教育学	王斯德
S240	历史研究	历史学	李国强
S242	林业经济问题	生态农业经济学	张建国
S243	鲁迅研究月刊	中国文学	黄乔生
S245	旅游科学	工商业经济学	高峻
S616	旅游学刊	工商业经济学	黄先开
S244	伦理学研究	哲学	唐凯麟
S246	马克思主义研究	马克思主义	程恩富
S247	马克思主义与现实	马克思主义	冯雷
S637	煤炭经济研究	工商业经济学	范宝营

表 8-1 2023 年中国科技核心期刊目录（社会科学）（续）

CODE	刊名	学科分类	主编
S248	美术研究	艺术学	邵大箴
S249	民族教育研究	教育学综合	郭卫平
S251	民族文学研究	中国文学	关纪新
S252	民族研究	民族学与文化学	王延中
S253	民族艺术	艺术学	张桥
S254	明清小说研究	中国文学	王长友
S255	南方文坛	中国文学	张燕玲
S950	南京大学学报哲学·人文科学·社会科学	社会科学综合大学学报	张异宾
S858	南京社会科学	社会科学综合	李程骅
S777	南开经济研究	经济学综合	李坤旺
S953	南开学报哲学社会科学版	社会科学综合大学学报	姜胜利
S839	农村经济	生态农业经济学	郭晓鸣
S778	农业技术经济	生态农业经济学	朱希刚
S779	农业经济问题	生态农业经济学	秦富
Q438	农业图书情报学报	图书馆学、文献学	孙坦
S639	企业经济	国民经济学、管理经济学、数量经济学	李小玉
S258	青年探索	社会学综合	李伟民
S259	青年研究	社会学综合	单光鼐
S260	青少年犯罪问题	部门法学、刑事侦查学、司法鉴定学	倪铁
S687	清华大学教育研究	教育学综合	王孙禺
S955	清华大学学报哲学社会科学版	社会科学综合大学学报	罗钢
S844	情报工程	情报学	刘琦岩
S846	情报科学	情报学	靖继鹏
S847	情报理论与实践	情报学	王忠军
W020	情报学报	情报学	戴国强
S848	情报杂志	情报学	张薇
S849	情报资料工作	情报学	高自龙
S261	求实	政治学综合	胡启南
S956	求是	政治学综合	刘玉辉
S958	求索	社会科学综合	周小毛
S688	全球教育展望	教育学综合	钟启泉
S106	全球科技经济瞭望	经济学综合	郭铁成
S860	人口研究	人口学、劳动科学	翟振武
S862	人口与经济	人口学、劳动科学	童玉芬
S628	人民检察	部门法学、刑事侦查学、司法鉴定学	徐建波
0060	人民音乐	艺术学	金兆钧
S617	人文地理	历史学	
S819	软科学	社会科学综合	赵毅峰
S264	山东大学学报哲学社会科学版	社会科学综合大学学报	臧旭恒
S961	山西财经大学学报	经济大学学报	王培勤
S964	陕西师范大学学报哲学社会科学版	社会科学师范大学学报	张积玉
S834	商业经济与管理	国民经济学、管理经济学、数量经济学	李金昌
S835	商业研究	工商业经济学	曲振涛

表 8-1 2023年中国科技核心期刊目录（社会科学）（续）

CODE	刊名	学科分类	主编
S265	上海财经大学学报哲学社会科学版	社会科学综合大学学报	蒋传海
S965	上海大学学报社会科学版	社会科学综合大学学报	董乃斌
S266	上海翻译	语言学综合	方梦之
S268	上海金融	财政学、金融学、保险学	李安定
S781	上海经济研究	工商业经济学	石良平
S269	上海师范大学学报哲学社会科学版	社会科学师范大学学报	黄刚
S883	上海体育学院学报	体育科学	章建成
S267	上海行政学院学报	政治大学学报	陶柏康
S270	社会	社会学综合	李友梅
S271	社会保障研究	人口学、劳动科学	邓大松
S863	社会科学	社会科学综合	熊月之
SA01	社会科学家	社会科学综合	周玉林
S865	社会科学研究	社会科学综合	侯水平
S866	社会科学战线	社会科学综合	刘信君
S867	社会学研究	社会学综合	李培林
S276	社会主义研究	马克思主义	程又中
S890	沈阳体育学院学报	体育科学	笪可宁
S782	审计研究	会计学、审计学	刘达朱
S784	生态经济	生态农业经济学	高晓铃
S278	史学月刊	历史学	李振宏
S691	世界汉语教学	语言学综合	张博
S785	世界经济	经济学综合	张宇燕
S787	世界经济研究	经济学综合	姚勤华
S788	世界经济与政治	国际政治学、外交学	张宇燕
S789	世界经济与政治论坛	经济学综合	王维
A201	世界科技研究与发展	社会科学综合	方曙
S285	世界民族	民族学与文化学	王延中
S286	世界宗教文化	宗教学	金泽
S287	世界宗教研究	宗教学	卓新平
S850	数据分析与知识发现	图书馆学、文献学；情报学	张晓林
S790	数量经济技术经济研究	国民经济学、管理经济学、数量经济学	李平
B523	数学教育学报	学前教育学、普通教育学	王梓坤
W022	数字图书馆论坛	图书馆学、文献学	曾建勋
S656	税务与经济	财政学、金融学、保险学	武振
S290	思想教育研究	政治学综合	陈曦
S291	思想理论教育导刊	学前教育学、普通教育学	阎志坚
S292	思想战线	社会科学综合	王文光
S967	四川大学学报哲学社会科学版	社会科学综合大学学报	项楚
S294	苏州大学学报哲学社会科学版	社会科学综合大学学报	沈海牧
S295	台湾研究	社会学综合	张冠华
S296	台湾研究集刊	社会学综合	张文生
S297	探索	政治学综合	苏伟
S880	体育学刊	体育科学	杨文轩

表 8-1　2023 年中国科技核心期刊目录（社会科学）（续）

CODE	刊名	学科分类	主编
S885	体育与科学	体育科学	周旭
S886	天津体育学院学报	体育科学	姚家新
S793	统计研究	统计学	潘璠
S293	统计与决策	统计学	李明星
S306	统计与信息论坛	统计学	薛小荣
S895	图书馆建设	图书馆学、文献学	高文华
S897	图书馆论坛	图书馆学、文献学	王惠君
S308	图书馆学研究	图书馆学、文献学	赵瑞军
S899	图书情报工作	图书馆学、文献学；情报学	初景利
S900	图书情报知识	图书馆学、文献学；情报学	陈传夫
S901	图书与情报	图书馆学、文献学；情报学	郭向东
S694	外国教育研究	学前教育学、普通教育学	孙启林
S795	外国经济与管理	经济学综合	郑少华
S314	外国文学	外国文学	胡文仲
S315	外国文学评论	外国文学	陈众议
S316	外国文学研究	外国文学	聂珍钊
S317	外国语	外国语言学	束定芳
S318	外国语文	外国语言学	熊沐清
S320	外交评论	国际政治学、外交学	赵进军
S697	外语教学	外国语言学	户思社
S698	外语教学与研究	外国语言学	王克非
S323	外语界	外国语言学	吴友富
S699	外语与外语教学	外国语言学	赵永青
S973	文史哲	社会科学综合	王学典
S811	文物	考古学	张昌倬
A906	文物保护与考古科学	考古学	杨志刚
S327	文学评论	中国文学	陆建德
S328	文学遗产	中国文学	刘跃进
S329	文艺理论研究	艺术学	谭帆；方克强
S330	文艺理论与批评	艺术学	陈飞龙
S331	文艺评论	艺术学	韦健玮
S332	文艺研究	中国文学	方宁
S333	文艺争鸣	艺术学	王双龙
S334	武汉大学学报哲学社会科学版	社会科学综合大学学报	汪信砚
S887	武汉体育学院学报	体育科学	孙义良
C509	物理与工程	高等教育学	顾牡；王青
S336	西安交通大学学报社会科学版	社会科学综合大学学报	贾箭鸣
S881	西安体育学院学报	体育科学	周里
S376	西安外国语大学学报	外国语言学	郝瑜
S975	西北大学学报哲学社会科学版	社会科学综合大学学报	刘炜评
S150	西北农林科技大学学报社会科学版	社会科学综合大学学报	张光强
S340	西南大学学报社会科学版	社会科学综合大学学报	靳玉乐
S341	西南民族大学学报人文社科版	社会科学综合大学学报	赵心愚

表 8-1　2023 年中国科技核心期刊目录（社会科学）（续）

CODE	刊名	学科分类	主编
S342	戏剧－中央戏剧学院学报	艺术学	廖向红
S978	厦门大学学报哲学社会科学版	社会科学综合大学学报	陈嘉明
S343	现代财经－天津财经大学学报	经济大学学报	蔡双立
S906	现代传播	新闻学与传播学	胡智锋
S588	现代电影技术	艺术学	毛大平
S630	现代法学	法学综合	许明月
S309	现代情报	情报学	张丽娟
S346	湘潭大学学报哲学社会科学版	社会科学综合大学学报	章育良
S836	消费经济	工商业经济学	尹世杰
S348	小说评论	中国文学	王春林
S700	心理发展与教育	教育学综合	林崇德
S349	新疆师范大学学报哲学社会科学版	社会科学师范大学学报	李建军
S350	新视野	政治学综合	高寿仙
S351	新文学史料	中国文学	郭娟
S907	新闻大学	新闻学与传播学	黄芝晓
S909	新闻与传播研究	新闻学与传播学	唐绪军
S582	刑事技术	部门法学、刑事侦查学、司法鉴定学	刘耀
S201	行政论坛	行政学	温美荣
S354	学海	哲学	胡传胜
S703	学前教育研究	学前教育学、普通教育学	冯晓霞
S981	学术研究	社会科学综合	叶金宝
S982	学术月刊	社会科学综合	金福林
S704	学位与研究生教育	高等教育学	匡镜明
S361	学习论坛	政治学综合	尹书博
S983	学习与探索	社会科学综合	张磊
S363	学校党建与思想教育	政治学综合	谢成宇
S799	亚太经济	经济学综合	郑有国
G865	医学信息学杂志	情报学	钱庆
G308	医学与哲学	哲学	张大庆；赵明杰
S366	艺术百家	艺术学	晁岱健
S367	音乐研究	艺术学	于润洋；莫蕴慧
S368	语言教学与研究	语言学综合	曹志耘
S369	语言文字应用	语言学综合	张世平
S370	语言研究	语言学综合	黄树先
S372	云南财经大学学报	经济大学学报	叶文辉
S374	云南民族大学学报哲学社会科学版	社会科学综合大学学报	张桥贵
S922	哲学动态	哲学	余涌
S923	哲学研究	哲学	谢地坤
S986	浙江大学学报人文社会科学版	社会科学综合大学学报	罗卫东
S987	浙江社会科学	社会科学综合	俞伯灵
G352	证据科学	部门法学、刑事侦查学、司法鉴定学	张保生
S659	证券市场导报	财政学、金融学、保险学	宋丽萍
S619	政法论坛	法学综合	王人博

表 8-1　2023 年中国科技核心期刊目录（社会科学）（续）

CODE	刊名	学科分类	主编
S382	政治学研究	政治学综合	王一程
S383	政治与法律	法学综合	徐澜波
S384	职教论坛	成人教育学、职业技术教育学	肖称萍
S390	治理研究	政治大学学报	徐明华
Q468	智库理论与实践	情报学	刘细文
S386	中共党史研究	政治学综合	任贵祥
S193	中共中央党校(国家行政学院)学报	政治大学学报	马宝成
S392	中国比较文学	中国文学	谢天振
S393	中国边疆史地研究	考古学	李大龙
S304	中国大学教学	高等教育学	周远清
S396	中国党政干部论坛	政治学综合	包驰
S397	中国地方志	历史学	邱新立
S398	中国地质大学学报社会科学版	社会科学综合大学学报	刘传红
J076	中国发明与专利	情报学	彭耀林
S633	中国法学	法学综合	陈桂明
S400	中国翻译	语言学综合	黄友义
S401	中国改革	国民经济学、管理经济学、数量经济学	王烁
S664	中国高教研究	高等教育学	王小梅
S800	中国工业经济	工商业经济学	金碚
S404	中国海商法研究	部门法学、刑事侦查学、司法鉴定学	司玉琢
S823	中国科技翻译	语言学综合	曹京华;邱举良
A583	中国科技期刊研究	新闻学与传播学	言静霞
S133	中国科技资源导刊	经济学综合	袁伟
S410	中国劳动	人口学、劳动科学	莫荣
S618	中国历史地理论丛	历史学	侯甬坚
S838	中国流通经济	工商业经济学	陈建中
S414	中国穆斯林	宗教学	马忠杰
S803	中国农村观察	社会学综合	魏后凯
S804	中国农村经济	生态农业经济学	李周
H221	中国农业资源与区划	生态农业经济学	吴文斌
S417	中国青年社会科学	社会科学综合	周晓燕
S416	中国青年研究	社会科学综合	徐文新
S874	中国人口科学	人口学、劳动科学	蔡昉
S419	中国人力资源开发	人口学、劳动科学	刘福垣
S990	中国人民大学学报	社会科学综合大学学报	段忠桥
0074	中国社会科学	社会科学综合	方军
S587	中国司法鉴定	部门法学、刑事侦查学、司法鉴定学	吴何坚
S714	中国特殊教育	教育学综合	陈云英
S888	中国体育科技	体育科学	曹景伟
S902	中国图书馆学报	图书馆学、文献学	熊远明
S426	中国文化研究	民族学与文化学	韩经太
S427	中国现代文学研究丛刊	中国文学	吴义勤;温儒敏
S428	中国刑事法杂志	部门法学、刑事侦查学、司法鉴定学	王守安

表 8-1 2023 年中国科技核心期刊目录（社会科学）（续）

CODE	刊名	学科分类	主编
S405	中国行政管理	行政学	鲍静
G911	中国医学伦理学	社会学综合	王明旭
S429	中国音乐	艺术学	赵塔里木
S430	中国音乐学	艺术学	田青
S715	中国语文	语言学综合	沈家煊
G131	中国运动医学杂志	体育科学	谢敏豪
S432	中国职业技术教育	成人教育学、职业技术教育学	赵伟
S807	中国资产评估	国民经济学、管理经济学、数量经济学	刘萍
S434	中国宗教	宗教学	胡绍皆
S435	中华文化论坛	民族学与文化学	李明泉
S992	中南财经政法大学学报	经济大学学报	杨灿明
S993	中南民族大学学报人文社会科学版	社会科学综合大学学报	雷振扬
S994	中山大学学报社会科学版	社会科学综合大学学报	吴承学
S634	中外法学	法学综合	梁根林
S440	中央财经大学学报	经济大学学报	王广谦
S441	中央音乐学院学报	艺术学	俞峰
S996	中州学刊	社会科学综合	喻新安
S444	装饰	艺术学	方晓风
S728	资源开发与市场	生态农业经济学	卢永记
S446	资源与产业	生态农业经济学	雷涯邻
A908	自然辩证法通讯	哲学	胡志强
S926	自然辩证法研究	哲学	殷瑞钰
S448	宗教学研究	宗教学	卿希泰
S756	会计研究△	会计学、审计学	周守华
S757	金融研究△	财政学、金融学、保险学	纪志宏
S884	体育科学△	体育科学	冯连世

注：△在本年度计算期刊指标时，该期刊数据不完整，暂不计算该刊指标。